编写人员

总 指 导：张来武

总 协 调：胡京华

协 调 员：孟庆涛　楼国强

咨询专家：许世卫　王儒敬　李道亮　张 雪　李书琴　何 勇
　　　　　王红艳　张宏明

起草人员：袁学国　王仕涛　韩 青　徐志宏　吴 迪　刘利永
　　　　　高利伟　刘 斐　黄 河　孙友强　金 洲　朱 军
　　　　　任建超　刘晓倩　文洪星　刘 庆

统 　 稿：袁学国　王仕涛

DISICHANYE: LAIZI ZHONGGUO
NONGCUN DE TANSUO

第四产业：
来自中国农村的探索

张来武　等著

人民出版社

序

这里所说的第四产业，是我国农村信息化探索不断深入的结果，是其实践经验的理性提升。

我国农村信息化的探索，是人类经济社会进入信息化知识化时代的必然实践。宁夏农村信息化模式及其在十三个农村信息化示范省试点推广是具有标志性意义的工程。它不仅标志着我国通过科技特派员创业行动推进一二三产业融合（农业第六产业）发展进入了信息化的新阶段，也标志着我国信息化跨入填平城乡数字鸿沟和孕育"互联网⊕"（即第四产业）的历史时期。

2006 年，宁夏第一个开始在全省范围内统一推进农村信息化，提出"一网打尽"，实行"平台上移、服务下延"，创新发展农村信息化平台经济（涉农第四产业）。"平台上移"即全省建一个大数据平台和若干个农业产业信息云平台。"服务下延"即信息服务以"五个一标准"的标准化模式进入农户，进入涉农企业和农业科技创业园区或基地。后来，宁夏的"五个一标准"被工信部等部门推广到全国（工信部信〔2009〕256号），宁夏农村信息化模式由科技部、中组部和工信部推广到十三个农村信息化示范省（国科发农〔2010〕162号、国科办农〔2011〕16号、国科办农〔2012〕13号、国科办农〔2013〕62号）。

为让这项工作更加系统规范、便于复制推广，根据我在宁夏农村信息化中的实践，设计了农村信息化示范省建设的指标体系，成立了国家农村信息化示范省建设督导专家组。在一大批高水平农村信息化专家和农村信息化示范省创建者共同努力下，涌现出丰富实践案例和理论创新。将这些创新性探索加以总结和提升，是撰写本书的直接目的。

一开始，这本书的名字拟叫做《农村信息化示范省试点推广》，经反复研究，我们认为《第四产业：来自中国农村的探索》更为生动贴切。我们一直在思考，在我国农村信息化的探索中，宁夏起步较晚且人财物的实力较弱，为什么能后来居上，一跃而成中国第一个农村信息化示范省，成为试点推广的范例呢？或许最根本的一点在于，当年宁夏在全区范围内开展的农村信息化实践进行了最接近"第四产业"规律的顶层设计和系统推进。

第四产业对于人们还是相对陌生的概念，其在理论上也是最新的六次产业理论中具有突破意义的新产业概念，为此，本书第一章首次系统论述了第四产业。第四产业的诞生突破了三次产业划分，且直接进入了六次产业划分的新范畴。第四产业即"互联网⊕"，是基于互联网平台、获取并利用信息和知识资源的产业，是把数据作为直接劳动对象和生产资料的产业。这里的"互联网⊕"不同于"互联网 +"，它更多强调的是融合，而不仅仅是一个"拼盘"的概念。也就是，"互联网⊕"通常是极其复杂的运算形式的融合，"互联网 +"为其简单的特例（即可以描述为四则运算的例子）。

要更深入的理解"互联网⊕"第四产业，需要将其放入六次产业理论体系中加以分析。六次产业理论的一个重要突破，就是尝试提出了第四产业、第五产业、第六产业的概念。其中，第四产业是基础和关键。没有基于互联网平台的第四产业，基于文化创意的第五产业、一二三产业融合的第六产业就难以成长壮大，六次产业的框架和结构也就难以成立。

学术界常常把六次产业与一二三产业融合联系起来讨论。实现一二三产业融合，需要回答的一个基本问题是，我们如何才能走出传统一产的"束缚"，真正实现"接二连三"？即，融合的途径和机制是什么？概言之就是要靠全产业链的系统设计、策划和经营，靠互联网的链接和基于文化创意的价值提升。第四产业作为获取并利用数据和信息资源的产业，其兴起和发展是新科技革命特别是信息技术革命的必然结果。而信息技术特别是互联网技术作为当今时代最具主导意义的关键引领性技术之一，是促进一二三产业融合的基本载体和有效触媒，对于实现一二三产业融合具有划时代意义。

以六次产业理论框架下第四产业的特征来梳理我国农村信息化的探索实践，引导我国第四产业城乡一体化的创新、推动我国农业第六产业迅速发展，是本书的灵魂。第四产业的提出和深入实践，标志着我国农村信息化进入新阶段，随着六次产业理论研究的不断深入，第四产业及其推动的农业第六产业必将加速发展。我们正在系统设计推动的国家食品安全创新工程和健康养老创新工程可望形成第六产业的主战场。在这个主战场，从土地到餐桌、从营养到健康，第四产业是一二三产业深度融合和全产业链系统发展的基石。未来的农村信息化应以第四产业的模式，渗透到一二三产业的融合中，并结合文化创意即第五产业推动农业第六产业高质高效的创新发展。

本书的出版，不仅在于总结我国以往的农村信息化探索经验，更在于促进我国农村信息化创新实践的承前启后、更上一层楼。与此同时，我们希望以六次产业理论为指引，以第四产业的大数据食品安全云平台创建为抓手，通过农业物联网和电子溯源体系、标准、数据、交易、供应链金融、品牌培育和电商服务等系统推进，并通过健康养老工程等的系统策划和实施，大力发展我国农业第六产业，开辟城乡融合发展和一体化的新途径。

需要说明的是，对于本书，我的主要贡献是第一章关于六次产业理论框架下的第四产业的思想，而其文字和以下各章都是编写组其他成员的劳作。第二章以后即对农村信息化的总结，我只是参与了讨论，我的贡献仅在于当年农村信息化宁夏模式及其在全国推广的顶层设计和系统推动。我们编写组最终选择现在的书名在于"画龙点睛"，并由我在此道出书魂和成书初心，以待志同道合者共同践写我国农村农业信息化的历史新篇章，是为序。

张来武

二零一八年二月五日

目　　录

第一章
第四产业理论概述

在学术界，"第四产业"并不是一个新概念。但是长期以来，人们并没有就第四产业的确切含义达成共识。自 2006 年以来，张来武教授在信息技术促进农村经济发展的实践中，逐步形成了对国民经济进行六次产业划分的思想。本章将在六次产业划分框架下认识第四产业。

第一节　六次产业视角下的第四产业

六次产业，第六产业、第五产业、第四产业在国内还是相对陌生的概念。实际上，国内外对此已有相关讨论。从国内看，20 世纪 80 年代，钱学森先生曾提出过第六次产业革命的概念。他认为在人类社会历史上已出现四次产业革命，正在迎接以信息为核心的第五次产业革命，同时要预见到第六次产业革命，也就是要建立农业型的知识密集产业。国际上明确提出六次产业化的国家主要是日本。尽管国内外已有相关讨论和实践，但不少都还处在观点探讨和试验探索等层面，真正将第四产业作为六次产业的有机组成部分，并将六次产业作为一套系统的理论进行研究还是近年来的事。这里重点从六次产业理论的视角，探讨第四产业提出的渊源。

一、日本的"六次产业化"

20 世纪 90 年代中期，日本社团法人，JA 综合研究所所长今村奈良臣经研究发现，日本农业生产的农产品与日本国民消费的农产品（食品）之间，存在巨大的价值差。这种价值差，主要通过农产品加工和农产品流通等环节流向农村之外，因而农业产业的增值收益未能留在农业生产者手中，制约农民增收。为此，今村奈良臣提出，要通过鼓励农业生产者搞多种经营，发展农产品（食品）加工业、肥料等农资制造业、农产品和农资流通业等服务业以及农业旅游业，形成集农产品生产、加工、销售、服务于一体的完整链条，将流到城市等农村外部的就业岗位和附加值内部化，使农业生产者获得更多农产品加工、流通等环节，为农业旅游业的附加值创造条件，借此增加农民收入，增强农业发展活力。由于 1、2、3 之和、之积均等于 6，因此称之为"第六产业"。

与 20 世纪最后 10 年的最高水平相比，进入 21 世纪以来，日本农民收入出现较大幅度下降，2008 年甚至不到 1995 年的一半。形成这种现象的一个重要原因是，许多农产品主要作为加工原料输出，或通过批发市场及超市销售，减少了农村应有的增收和就业机会。随着零售超市势力的增大，超市向农民压级、压价的问题日趋突出，导致生产者的利润被大量挤占。在此背景下，日本政府逐步采纳了今村奈良臣关于"第六产业"的发展理念，注重将农产品生产、加工、销售及相关服务业融合起来，形成经营多样化和规模化格局。

2008 年，日本民主党在内阁会议中提出《农山渔村第六产业发展目标》，将其作为农林水产大纲，这是日本政府首次在政策大纲中提及"第六产业"。2009 年 11 月，日本农林水产省专门制定了《六次产业化白皮书》。2010 年，对农业产供销实行一体化管理的日本农林水产省制订《六次产业化·地产地销法》，标志着"六次产业化"战略正式实施。"六次产业化"的举措主要包括强化政府引导和政策支持、培育多元化经营主体、推进农工商协同合作、推行直销所流通模式等，核心内容是促进"地产地销"，即强调在深入挖掘地域资源、发现农村核心产业的基础上，通过"引入代替"和"引出代替"，将农业相关的工商活动内化于乡村地域系统，从而激活农村经济社会发展活力（崔振东，2010）。

二、中国六次产业理论探索

我国与日本同属东亚国家，农业农村发展的资源禀赋多有共同之处。在我国积极谋划，推进农村一二三产业融合发展、发展"第六产业"，可有利于吸收日本发展过程中的教训，缓解类似日本的农村人口高龄化、农村过疏化、农地弃耕、农业后继无人、农业和农村地域经济衰退等问题，增强农业农村发展的活力。日本的六次产业化非常重视"地产地销"，对我国有借鉴意义，尤其是我国中西部地区在推进新型城镇化过程中，应该重视农民就地、就近城镇化。这不仅有利于规避异地城镇化带来的"留守儿童"、"留守妇女"、"留守老人"问题，缓解农村人口老龄化和农村过疏化对农业农村发展的负面影响，还有利于培育农村一二三产业融合的市场环境和农村产业的新增长点。

　　今村奈良臣虽然提出了第六产业（日本政府在此基础上提出了六次产业化），但由于受时代和他本人职业的限制，他无法从理论上说清楚第四、第五产业是什么。后来，今村奈良臣进一步强调，"第六产业"是第一、第二、第三产业的乘积，意在强调农村一二三产业融合发展，基于产业链延伸和产业范围拓展，推进农村一二三产业之间的整合和链接。但一二三产业之间如何整合、如何链接，他没有给出答案。因此，六次产业没有形成经济学理论，至今没有太大的影响力。

　　20 世纪 80 年代末，中国提出农业产业化经营，类似一二三产业融合的概念。其主要是为了解决小农户与大市场的对接问题，是在家庭承包经营的基础上，以市场为导向，依靠龙头企业的带动，与农户建立"风险共担、利益共享"的利益联结机制，把农业产前、产中、产后各个环节联结起来，实现产加销一体化的一种农业经营方式。经过 20 多年的发展，农业产业化理论日臻完善，然而在实践中，由于利益机制不完善、公司和农户交易双方都可能存在的机会主义行为，且强制履约机制缺失，从而导致合约极不稳定。

　　针对上述问题，复旦大学张来武教授在长期研究实践基础上，于 2014 年创造性地构建了六次产业理论，并在六次产业理论框架下，创造性地提出第四产业、第五产业的思想。依据劳动对象和产业任务的不同，他在传统的三次产业划分方法基础上提出，将国民经济划分为六次产业，即获取自然资源的产业（第一产业），加工自然资源以及对加工过的产品进行再加工的产业（第二产业），获取并利用信息和知识资源的产业（第四产业），获取并利用文化资源的产业（第五产业），传统农业向第二、第三产业延伸形成的产业（第六产业），为其他五大产业及社会生活提供服务的产业（第三产业）。2015年中央一号文件首次提出"一二三产业融合发展"，之后该表述在党中央、国务院文件中频繁出现，中共十九大提出乡村振兴战略，再次强调促进农村一二三产业融合发展。这对中国学术界深化六次产业理论的研究和实践，是巨大的鼓舞。国内学术界关于第六产业、六次产业的研究不断深化，各地实践不断丰富。假以时日，六次产业理论必将在中国、第三世界国家乃至全世界农业与经济发展中得到更广泛的应用。

前面已经提到，钱学森先生提出了六次产业革命的概念，日本提出了"六次产业化"。但总的看，相关讨论和实践还处在概念辨析和政策探索等层面，还没有上升到理论的高度。本课题研究认为，张来武教授六次产业理论之所以具有创造性和突破性，主要源于"两个突破、两个基础"。

首先，源于在时代变迁基础上的产业理论突破。国际金融危机以来，在全球范围内新一轮科技革命和产业变革等因素的综合作用和强力推动下，全球发展进入新阶段，中国发展进入新时代。这是一个客观存在且被各方面广泛认可的事实。时代的变迁必然要求理论的突破。张来武教授的六次产业理论，是顺应新时代的新要求、以创新驱动发展为灵魂的新产业经济学，是对传统产业经济学的重大突破。从城乡融合发展的角度看，要实现城乡关系的突破也必然要求以六次产业理论为引领、建立健全六次产业体系。解决城乡二元问题已提了多年，始终未能从根本上得以解决，一个重要原因就在于衔接城乡的现代化产业体系没有建立起来，在于传统的三次产业理论的束缚。

其次，源于创新学的突破。与六次产业理论紧密结合，张来武教授还创造性地提出了"三螺旋"创新理论。这两个理论密切相关，互为一体。总的看，创新理论经历了从线性创新理论、"双螺旋"创新理论到"三螺旋"创新理论的发展过程。长期以来，中国实行的是线性创新理论，这在相当程度上制约了科技进入经济社会发展大循环。美国等提出"双螺旋"创新理论（科技、应用双螺旋）是一个大的进步，但总体还处于定性分析的层面，没有完全被主流经济学认可。"三螺旋"创新理论（科学、技术、应用三螺旋）的两大突破在于：一是发现了基于科学的创新，从而将人力资本在经济创新发展的重要性凸显出来；二是积极引入定量方法研究三者之间的作用规律。全球发展已经进入新阶段，创新"摩尔效应"凸显，工业化时代生产函数长期不变的情形一去不返，创新的理论和实践都必须有一个大的改变。

同时，源于科技特派员创业和农村信息化两个实践基础。这将在后面的章节中详细描述。科技特派员创业是源于南平、创于宁夏、成于宁夏的六次产业的生动实践，从 21 世纪初到现在，全国科技特派员已发展到近 100 万之众。仅从实践上看，中国的六次产业开拓并不比日本的六次产业化晚，甚至还要早上好几年。另一个重要的实践就是农村信息化。张来武教授在宁夏工作期间，创造性地提出将科技特派员创业和农村信息化作为"姊妹篇"进行推动，为探索发展第四产业、第五产业，进而推动形成第六产业进行了许多原创性开拓。

需要指出的是，张来武教授在对六次产业理论的阐述中，不仅仅强调农业的六次产业化，还将其扩展到了所有产业领域，也即只要是全产业链的融合经营都可适用第六产业的概念。此外，他还鲜明地指出了三次产业理论与六次产业理论的区别，比如：三次产业以企业为边界、强调分工和竞争，六次产业以产学研等的联盟为边界、强调协作与融合，并对联盟条件下如何解决合约不稳定、不完全合约和剩余控制权等问题进行了创新性的阐述。这在很大程度上颠覆了传统意义上的产业划分理论，对于新时代新经济的发展具有重大启示意义。

三、第四产业与六次产业

专家普遍认为，把农业转型升级为新型的"六次产业"，是转变我国农业发展方式的重大方向。"六次产业"被视为农业在当今国际国内形势和自然环境条件下，可以选择的一种新模式、新道路、新空间、新价值。中国的六次产业战略，正试图通过市场化手段，将传统农业、农村、农民所构成的庞大社会基础，改造成为空前宏大的国家战略空间。

六次产业理论的提出，首次把六次产业提升到理论的层面进行系统深入地构建和思考，首次把第四产业、第五产业放在一个全新的产业架构中进行定位和研究，具有重要的探索和实践意义。实际上，不仅仅是对六次产业，第四产业、第五产业国际上也有相关提法，尽管其与本书研究的内容和想要表达的重点有所不同。比如，1977 年，美国斯坦福大学博士马克·波拉特（M. V. Porat）提出了产业划分的四分法，即把信息产业从服务业中独立出来，整个国民经济由工业、农业、服务业和信息产业组成。又如，丹麦未来学家沃尔夫·伦森提出，人类在经历狩猎社会、农业社会、工业社会和信息社会之后，将进入一个以关注梦想、历险、精神及情感生活为特征的梦想社会，人们消费的注意力将主要转移到精神需要。通过直接获取和利用人自身的智慧资源，满足人或机构在知识、文化、技术等方面的需要，由此必将产生作为智慧产业的第五产业。对于第五、第六产业，课题组考虑在今后的研究中深入阐述，本书重点研究第四产业。

第四产业和六次产业是什么关系？学术界常常把六次产业与一二三产业融合联系起来讨论。实现一二三产业融合，需要回答的一个基本问题是，农业如何才能走出传统第一产业的"束缚"，真正实现"接二连三"？即，融合的途径和机制是什么？概言之就是要靠全产业链的系统设计、策划和经营，靠互联网的链接和基于文化创意的价值提升。第四产业作为获取并利用信息和知识资源的产业，其兴起和发展是新科技革命，特别是信息技术革命的必然结果。而信息技术特别是互联网技术作为当今时代最具主导意义的关键引领性技术之一，是促进一二三产业融合的基本载体和有效触媒，对于实现一二三产业融合、提升农业综合竞争力、推进农业现代化具有划时代意义。

第二节 第四产业的内涵

第四产业是指基于互联网平台的知识和信息服务产业，及为其提供通信和技术支撑的产业，简言之就是互联网平台条件下的数据产业。其实质是获取并利用信息和知识资源的产业，是从第三产业中分离出来、基于互联网和平台经济、知识和技术密集型的信息服务业，以及为其提供研发、数据、存储、计算、连接、分发等通信和技术服务的行业。

传统意义上，学术界把农村信息化作为第三产业的一部分，本书所指的第四产业与作为第三产业一部分的农村信息化有本质的区别。把农村信息化作为第三产业的一部分，着重强调的是其对第一、第二产业的支撑作用，无法体现其对第三产业本身的改造和带动作用，而第四产业是城乡融合发展的平台、是一二三产业融合发展的平台，将农村信息化相关数据产业独立出来，有利于体现其对一二三产业的全面改造和提升功能。这种改造和提升，体现的是作为"平台"的零边际成本特征，体现的是城乡的互动融合，体现的是政府和市场的合作博弈、激励相容。

深入理解第四产业的内涵，还有必要深入辨析第四产业与信息产业等概念的异同。对于第四产业的概念，国内还比较陌生，其实，在美国、日本等信息产业发达的国家，已有把信息产业作为第四产业的提法。

20 世纪 50 年代以后，随着信息通信技术的快速发展，信息产业和信息技术在各行业以及经济社会生活中得到了广泛应用与渗透，进而引起经济社会变革。信息产业的发展日益引起经济学家的关注。近几十年来，各国学者都先后对信息产业的概念和范围等问题进行了广泛的理论探讨，但是由于人们处于不同的研究目的和角度，关于信息产业的概念问题仍然是众说纷纭。

美国商务部按照该国 1987 年《标准产业分类》，在其发布的《数字经济 2000 年》中给出的信息技术产业的定义是：信息产业应该由硬件业、软件业和服务业、通信设备制造业以及通信服务业四部分内容组成。日本的科学技术与经济协会认为：信息产业是提高人类信息处理能力，促进社会循环而形成的由信息技术产业和信息商品化产业构成的产业群，包括信息技术产业及信息产品化；信息产业的内容比较集中，主要包括软件产业、数据库业、通信产业和相应的信息服务业。欧洲信息提供者协会（European Information Providers' Association，EURIPA）给信息产业的定义是：信息产业是提供信息产品和信息服务的电子信息工业。

我国信息产业发展时间较美日欧短，对于信息产业的定义和划分，由于分析的角度、标准和统计的口径不同，也形成了许多不同的观点。总的看，目前，多数国内学者接受了日本学者的界定方法。但是这种信息产业的界定方法与传统的三次产业划分标准相背离。首先，从信息技术产业的界定中认为它是生产信息产品、提供信息劳动资料的产业。因此，信息技术产业具备制造业的基本特征，属第二产业范畴。其次，信息技术产业中包括信息技术服务、软件服务产业，同时具有商品化产业的基本特征，难以计入第二产业范畴。最后，从信息商品化产业来看，其产业活动的客体（劳动对象）是非实体形态的信息，其从业者是以脑力劳动者为主体的"知识劳动者"，其产品形态为信息产品或劳务。因此，信息商品化产品则属于第三产业范畴。

为此，张来武（2016）分析了中国当前以创新创业促进经济转型升级而面临的能源和资源、生态环境、城乡二元结构和居民健康等方面的约束和挑战，进而对第四产业的内涵进行了界定：与第三产业中的传统信息服务业不同，第四产业是从第三产业中分离出来的基于互联网和平台经济的知识型的信息服务业、技术密集型的信息服务业，但是不包括信息技术的硬件设备和基础设施建设。简言之，第四产业可视为不包括信息硬件设备和基础设施建设的信息产业。必须指出的是，信息产业还在不断深化之中，随着大数据、云计算、人工智能、物联网、区块链等技术和产业的加快发展，相关产业还将纳入其中。

此外，美国学者弗里茨·马克卢普（Fritz Machlup）1962 年在他出版的《美国的知识生产与分配》一书中，率先提出了知识产业的概念，他认为，知识产业是一类为他人或者为自己所用，而生产知识，从事信息服务或生产信息产品的产业。根据以上定义，马克卢普把知识产业分为 5 个层次：第一层次：研究与开发。第二层次：所有层次的教育。第三层次：通信及中介媒体。第四层次：信息设备或设施。第五层次：信息服务产业。马克卢普定义的知识产业，包括信息产业，同时将从事知识生产、传播的科研、教育等都纳入了其中。在某种程度上有过于宽泛之嫌。课题组研究认为：第四产业不宜大包大揽，应与信息革命的趋势相吻合，重点聚焦信息服务及其支撑产业。知识生产传播、科研、教育等本质上属于人力资源服务的范畴，纳入其他产业门类更为适宜。

第三节　第四产业的特征和形态

第四产业的具体体现有些什么？本书主要讨论的内容包括：一是

以提供交易服务为主要内容、多方参与的电商平台；二是通过互联网提供信息服务的产业，包括信息的生产、加工和终端服务；三是互联网和相关服务行业，特别是软件开发、信息系统集成开发、信息数字化处理技术开发、大数据技术、物联网技术等方面的研发服务。不属于第四产业的内容：电信、广播、电视、卫星传输等基础通信不属于第四产业；多方参与的电商平台经济，只计算服务费收入，不能把第三方通过平台实现的交易额作为平台收入；工业企业通过自己建立网上销售平台，销售工业产品不属于第四产业；企业购置资产通过建立网络平台出租不属于第四产业。其突出特征和形态表现在以下四个方面。

一、第四产业是以大数据为基础的知识化产业形态

大数据是以容量大、类型多、存取速度快、应用价值高为主要特征的数据集合，其有别于单机数据模式，是移动互联网条件下的"大计算、云数据"，是第四产业发展壮大的根基。在全球信息化快速发展的大背景下，大数据已成为国家重要的基础性战略资源，正在成为新的经济增长点，将对未来产业和发展格局产生重要影响。以数据流引领技术流、物质流、资金流、人才流，将深刻影响社会分工协作的组织模式，促进生产组织方式的集约和创新。大数据持续激发商业模式创新，不断催生新业态，已成为互联网等新兴领域促进业务创新增

值、提升企业核心价值的重要驱动力。大数据推动社会生产要素的网络化共享、集约化整合、协作化开发和高效化利用，改变了传统的生产方式和经济运行机制，可显著提升经济运行水平和效率。大数据有利于建立"用数据说话、用数据决策、用数据管理、用数据创新"的管理机制，成为提升政府治理能力的新途径。

全球范围内，运用大数据推动经济发展、完善社会治理、提升政府服务和监管能力正成为趋势，有关发达国家相继制定实施大数据战略性文件，大力推动大数据发展和应用。我国也专门制定了《促进大数据发展行动纲要》。可以预期，随着信息孤岛的消除，数据资源的大规模汇集和发掘，以大数据为基础的第四产业将会实现爆发式增长。特别是随着区块链等新技术研发的不断深入，大数据应用开发的空间将更加广阔。

二、第四产业是以云计算为核心的智能化产业形态

云计算是基于互联网、通过虚拟化方式共享资源的计算方式，使计算、存储、网络、软件等资源，按照用户动态需要，以服务方式提供，是信息技术和信息服务产业的重大革新。云计算是第四产业越来越重要的特征，将在信息服务和信息产业发展中扮演越来越重要的角色。

特别是经过 60 多年演进，在移动互联网、大数据、超级计算、

传感网、脑科学等新理论新技术及经济社会发展强烈需求的共同驱动下，新一代人工智能相关学科发展、理论建模、技术创新、软硬件升级等整体推进，正在引发链式突破，呈现出深度学习、跨界融合、人机协同、群智开放、自主操控等新特征，展现出令人激动的发展前景。我国出台了专门规划，如人工智能发展专项规划，推动相关技术和产业发展。这些为第四产业的加速发展带来重大机遇。

三、第四产业是以互联网为基石的平台化产业形态

第四产业不同于一般意义上的"互联网＋"，具有明显的"互联网⊕"特征。"互联网＋"是一个渗透的概念，"互联网⊕"是一个融合的概念，"互联网⊕"包括"互联网＋"，但并不是简单的四则运算意义上的累加，其更加强调融合的功能和平台的特性，强调充分发挥互联网在资源配置中的优化和集成作用。

具体讲，"互联网⊕"是把互联网的创新成果与经济社会各领域深度融合，推动技术进步、效率提升和组织变革，提升实体经济创新力和生产力，形成更广泛的以互联网为基础设施和创新要素的经济社会发展新形态。基于"互联网⊕"的平台经济是第四产业最为突出的特征之一。在全球新一轮科技革命和产业变革中，互联网与各领域的融合发展具有广阔前景和无限潜力，已成为不可阻挡的时代潮流，正对各国经济社会发展产生着战略性和全局性的影响。

检验"互联网⊕"效果最重要的方式是看它是否促进了产业的转型，促进产业出现新的形态，这种形态能更好满足用户的最终需求，能提高各种资源利用的效率，同时要有可持续发展的机制。当前成功的互联网企业，都是"互联网⊕一个传统行业"，比如淘宝是"互联网⊕集市"、天猫是"互联网⊕百货商场"、世纪佳缘就是"互联网⊕红娘"等。农业看起来离互联网最远，但农业作为最传统的产业也决定了"互联网⊕农业"的潜力是巨大的。一方面，"互联网⊕"促进专业化分工、提高组织化程度、降低交易成本、优化资源配置、提高劳动生产率等，正成为打破小农经济制约我国农业农村现代化枷锁的利器；另一方面，"互联网⊕"通过便利化、实时化、感知化、物联化、智能化等手段，为农地确权、农技推广、农村金融、农村管理等提供精确、动态、科学的全方位信息服务，正从单一使用的工具上升为现代农业跨越式发展的复合型引擎。"互联网⊕农业"已成为现代农业的发展方向。

四、第四产业是以消费者为中心的服务型产业形态

随着信息技术尤其是移动互联网的成熟，"互联网⊕"在各行各业中产生了巨大影响。随着信息不对称问题的日益解决和互联网带来的产业效率极大提升，以生产者为中心的大规模、排浪式生产和消费时代逐步过去，取而代之的是以消费者为中心的个性化、定制

化生产和消费时代的到来。从这个意义上讲，第四产业实质是以消费者为中心、以信息平台为基础、以价值服务为根本的新型产业和经济形态。

当前，共享经济（分享经济）、社群经济以及"粉丝"经济等正在成为新的增长热点。实际上，这些经济形态都是基于互联网信息平台、以效率提升为关键、以消费者为根本、以价值实现为目标的新业态，与第四产业都密切相关，总体都可纳入第四产业的范畴。以共享经济（分享经济）为例，它是通过互联网平台将商品、服务、数据或技能等在不同主体间进行共享的模式。其核心是以信息技术为基础和纽带，实现产品的所有权与使用权的分离，在资源拥有者和资源需求者之间实现使用权共享（交易）。共享经济具有以下特点：一是以现代信息技术为支撑。互联网尤其是移动互联网技术的成熟实现了共享的便捷化，大大降低了共享成本。基于位置的服务为多样化的共享服务提供了可能，而基于社交网络平台建立的信任机制为使用权的公平交易提供了信用保障。二是以资源的使用权交易为本质。共享经济形成了一种双层产权结构，即所有权和使用权，它提倡"租"而非"卖"，需求方通过互联网平台获得资源的暂时性使用权，以较低的成本完成使用后再转移给其所有者。三是以资源的高效集约利用为目标。共享经济强调产品的使用价值，将个体拥有的、作为一种沉没成本的闲置资源进行社会化利用，最终实现社会资源有效配置和高效利用，有利于经济社会的可持续发展（汤天波等，2015）。

第四节 第四产业与产业部门的演进

一、产业部门的划分与三次产业的形成

产业部门划分是分析各产业部门的经济活动、部门之间的相互联系、比例关系和协调发展的基础，是国民经济管理的重要前提。由于研究目的和研究角度的不同，经济学家对产业部门划分有不同的视角和方法。总的看有以下两大类。

一是产业部门功能的角度。马克思在分析社会再生产时，采取两部类分类法，将社会总产品划分为生产资料和消费资料。马克思主义经济学揭示的社会再生产顺利进行时两大部类产业间的实物和价值构成的比例平衡关系，是研究社会再生产过程的理论基础。1931 年，德国经济学家霍夫曼在《工业化的阶段和类型》一书中，出于研究工业化进程中产业结构之间比例关系和变动趋势的目的，提出按产品用途把产业分为消费资料产业、资本品产业和其他产业。不少经济学家对于基于产业功能的分类都有研究，总的看，马克思主义经济学所揭

示的两大部类始终是主要的两大范畴。

二是产业部门形态的角度。马克思以是否为社会提供物质产品为标准，将整个国民经济划分为物质生产部门和非物质生产部门，其中物质生产部门分成农业、轻工业、重工业三大产业部门（丁捷，2006）。1935年，英国经济学家费希尔按照社会生产发展阶段，提出三次产业分类方法，把初级生产阶段（取之自然）称为第一次产业，把第二阶段的生产（基于自然的加工）称为第二次产业，把第三阶段的生产（派生于有形物质财富生产活动之上的无形财富的生产）称为第三次产业。之后，英国经济学克拉克、美国经济学家西蒙·库兹涅克发展了这一理论。1968年，美国经济学家钱纳里和泰勒在考察生产规模较大和经济比较发达国家制造业内部结构的转换和原因时，按照发展阶段、技术水平和需求收入弹性等，将制造业划分为初期产业、中期产业和后期产业。总体看，相关研究很多，但都没有脱离也不可能脱离马克思主义的物质生产和非物质生产"二分法"，三次产业也是"二分法"的延展和细化。

在产业和经济的统计与衡量上，国际上一般通行产业形态的角度。三次产业分类方法提出后，作为一种简便有效的工具得到广泛认可，20世纪50年代以来，三次产业划分方法逐渐成为国际通用的国民经济结构重要的分类和统计方法，沿用至今。所有传统产业经济理论都建立在三次产业划分基础上的，世界银行在统计分析中也采用这种产业划分方法。国际标准产业分类体系（ISIC）从1948年诞生至今经过多次修订，成为世界上对经济活动进行分类的最成熟、最权威、最有影响力的国际标准之一，其总体架构也是基于三次产业分类。

我国对三次产业的划分始于 1985 年。之前，受苏联统计体系等的影响，曾将国民经济主要划分为农业、工业、建筑业、运输业、商业五个部门。随着第三产业在国民经济中的作用日益增强，比重迅速上升，1985 年 4 月 5 日，国务院办公厅转发国家统计局《关于建立第三产业统计的报告》，参考国外的做法开始进行三次产业划分，并分别于 2002 年、2012 年作了优化调整，以更好进行国际比较并反映我国三次产业的发展状况。

二、产业部门的变革与三次产业划分的困境

从产业结构合理化的角度来看，产业结构从来都不是一成不变的，三次产业的形成与发展正是伴随着经济的发展而逐步被人们认识和确立的。三次产业分类是以产业发展的层次顺序及其与自然界的关系作为标准。这种分类方法是以工业时代的产业经济发展为现实背景的。当时，经济发达的美国、英国、法国和德国正处于工业化为主导的阶段，其划分的依据是物质生产中加工对象的差异性。

产业结构有其发育、成长、成熟和衰退的过程，必须以动态、发展的观点来研究和看待。在 80 多年前提出三次产业分类法时，第三产业不发达，当时三次产业分类在理论上和实际应用中都可以让人接受。在现代经济生活越来越复杂、经济活动节奏越来越快的情况

下，试图保持一种永恒不变的产业分类法是不明智的。一方面，三次产业分类本身尚存在争议。如第二产业的采矿业是直接从自然界获取产品，是直接依赖对自然资源的开发和利用来进行的生产活动，应该划为第一产业。另一方面，随着第三产业群体的膨胀，特别是现代信息、管理、决策、服务等部门已经成为经济和社会发展中不可缺少的组成部分，三次产业划分法已经不能充分地揭示世界新技术革命浪潮所导致的国民经济结构的变化。特别是随着信息技术的广泛应用，三次产业的边界愈趋模糊，产业融合在整个经济系统中越来越具有广泛性，是在实践上对传统产业分立理论的否定（沈杰，2004）。

三次产业分类法不仅在理论上不符合当前科学分类的要求，而且在实践中，对宏观经济管理的运作、国家制定产业政策以及对各种不同性质的产业实行分类指导和调控都极为不利。按照三次产业分类法，除了第一、第二产业外的其他社会经济活动、五花八门的行业都归入了第三产业，使得第三产业的内容越来越庞杂。第三产业内的行业差别很大，将最简单的修鞋补伞等劳动密集型服务产业到最复杂的航天工程等技术密集型产业都包括在内，饭店、理发馆、报社、研究所、政府部门、军事单位、咨询公司、跨国商贸集团等应有尽有，行业性质完全不同，其实是很难合并在一起来研究。

特别是随着科技的日新月异，显然无法让经济学的增长函数固定在那里，否则经济学模型本身就难有作为。当前的经济学理论在解释全球化和信息化所引发的新问题方面存在严重不足。依据现有的三次产业划分理论，大力提高第二、第三产业特别是第三产业的比例是产业结构优化的基本方向，为此中国一直在努力，但却始终达不到结构优化带来的积极效果，城乡二元结构不但没有随着结构的调整得以改观，反而达到历史上最高的水平（张来武，2015）。就此而言，早期三次产业分类理论已经严重脱离信息化市场，无法解决当前中国以创新创业促进经济转型升级面临的挑战，也难以指导开放经济条件下国民经济结构的战略调整。我们不能一直沿用 20 世纪 30 年代和 40 年代的理论来指导 21 世纪人类的经济行为，必须不断地完善和发展产业层次划分理论，以新的产业划分理论来化解中国创新面临的挑战。

三、新兴产业部门诞生的标志

总的看，一个新兴产业部门的诞生需要具备三大标志：一是有独特的模式（具有明晰的产业部门边界）；二是有相应规模（传统的产业部门已经无法包容）；三是新兴产业部门的评价体系日益健全。总的看，第四产业已经符合这三大标志。

第一，具有独特的模式和清晰的产业边界。

第四产业与传统的三大产业相比，具有其独特的运行机制和发展规律。第四产业也是一种服务业，但是第四产业这种知识性、信息化的服务与一般的服务有许多不同之处。正是这些不同之处，奠定了第四产业从服务业分化出来形成一个独立产业的基础。

第四产业与其他服务产业的区别主要表现：第一，劳动工具不同。服务产业的劳动工具主要是各种有形的工具，第四产业劳动使用的主要是大脑及大脑器官的延伸物——数字处理工具。第二，劳动形式不同。服务产业劳动主要是体力劳动，第四产业劳动主要是脑力劳动。第三，劳动对象不同。服务产业劳动对象主要是人和环境，第四产业劳动对象主要是各类数字。第四，劳动产品形态不同。服务产业的劳动产品主要是人的生理性变化与环境变化，第四产业的劳动产品是依附于各种载体上的数字。

另外，我们还可以从产业的市场范围和就业人员的素质来看第四产业与其他服务产业的区别：从产业的市场范围来看，数字产品和数字服务在空间上的扩张渗透力极强，具有全球范围的市场潜力，而其他服务产业的产品和服务受地域限制比较大。从就业人员素质来看，第四产业要求素质高、知识面宽的员工，是智力密集型产业，而其他服务产业对从业人员的要求不高，是劳动密集型产业。

综上所述，第四产业确实是与第一、第二、第三产业不同的独立产业。如果将第四产业包含在服务业中加以研究，就不能深入地探索其独有的特征、机制和规律。只有把第四产业独立出来，人们才会将其作为一个独立的经济结构进行研究，才能更好地认识其运行机制和发展规律，更好推动其发展。

第二，具备相当规模、传统产业部门已无法包容。

产业演进理论表明，产业生产规模发展到一定的程度，就形成了新的产业。20世纪50年代以前，第一产业和第二产业在工业发达国家的经济中占主导地位，第三产业尚处于次要地位；而50年代以后，第三产业各部门的产值已经超过第一产业和第二产业的产值总和。与此同时，以知识、信息处理为核心的信息产业以惊人的速度迅速崛起。消费者逐渐接受了信息产业产品和服务，对其需求不断增加。劳动力作为最为重要的生产要素之一，1967年美国信息产业劳动力人数占就业人数的45%，信息相关产业劳动力收入占就业者总收入的53.52%。据经济合作与发展组织（OECD）的统计表明，美国信息产业劳动者占总就业人口的比重从1970年的46.6%增加到20世纪90年代初期的75%（王欣，2008）。

如果一个新的产品没有市场，就不能说一个新的产业诞生了。只有当与它配套的其他产品形成了能够满足人们的市场需求，这个产业才算诞生了。当前，以软件、互联网等为主导的产业生产的信息产品和服务已经形成了规模化的产业群，可以满足人们对信息产品的日益增长的需求。如美国形成了以硅谷信息产业为主的产业群，印度形成了以软件产业为主的产业群，中国形成了长江三角洲、珠江三角洲、京津环渤海经济区和东南福建金三角区为中心的信息产业集群区。这些信息产业群的形成为第四产业的发展壮大提供了坚实支撑。

第三，具有日益健全的统计体系和定量测度方法

专门针对第四产业的统计体系还需健全，但作为与第四产业紧密相关的信息产业，在考察其对国民经济的贡献时，目前已形成较完整的统计体系和定量测度方法，可以借鉴。最早对信息经济加以测度的是美国经济学家弗里茨·马克卢普，1962年他在其著作《美国的知识生产与分配》中首先提出"知识产业"（Knowledge Industry）的概

念，并在此基础上建立起对美国知识生产分配的最早的测度体系，即马克卢普信息经济测度模式。1977 年美国经济学家马克·波拉特在《信息经济：定义与测量》一书中第一次系统地提出了信息经济的测算方法。他将整个经济划分为农业、工业、服务业、信息产业等四大产业，将信息部门分为第一信息部门和第二信息部门。对第一信息部门的测算采用的是最终需求法和增值法，对于第二信息部门，其产值可由在该部门中信息劳动者的收入和信息资本的折旧构成。2002 年 OECD 采用建筑模块的方法对信息经济进行测度。靖继鹏（1993）采用综合信息产业力度法，刘铁兵（1997）的信息产业综合水平测度模型等对我国信息产业发展进行了测度。

马克卢普在《美国的知识生产与分配》一书中，测算出 1947—1958 年间，美国国民生产总值中信息产业按 10.6% 的综合增长率在增长。1958 年美国信息产业生产总值为 136436 百万美元，占当年国民生产总值的 28.5%。波拉特测算出 1967 年美国第一信息部门的产值占国民生产总值的 25.1%，第二信息部门的产值占国民生产总值的 21.1%，即美国国民生产总值的 46.2% 是由信息部门通过市场和非市场创造的。

我国工信部电信研究院 2015 年发布的《2015 中国信息经济研究报告》显示，2014 年，我国信息经济总量达到 16.2 万亿元，占 GDP 比重为 26.1%，较 2002 年增加了 15.8 个百分点。2014 年，我国信息经济对 GDP 增长的贡献达到 58.4%，接近甚至超越了某些发达国家的水平。根据工信部电信研究院的测算，同期美国、日本、英国信息经济对 GDP 的贡献率分别为 69.4%、42.2%、44.2%。我国经济正处于转型升级的关键历史时期，信息经济作为一种新的经济形态，正在成为经济质量提升和增强产业竞争力的必然选择。一方面，信息经济大大优化了经济结构。移动互联网、云计算、物联网等技术的应用，对技术开发、生产加工、商业模式产生深远的影响，为传统产业的升级创造了契机。另一方面，信息经济能够降低交易成本，极大地激发社会各界的创业热情、拓展了就业模式。

第五节　第四产业产生背景的多维度分析

一、产业维度

产业的分离、产业结构的变化在一定程度上反映了一个国家经济发展水平的变化。产业分工是一种社会分工的历史进程，主要取决于生产力的发展。它具体表现为一种劳动量在社会总劳动量中所占的比重逐渐增大，而后从中分离出来形成一个新的产业。没有工业与农业的分离就不会有第二产业，没有服务业与工农业的分离就不会有第三产业。可见，生产力和社会分工的发展，在客观上形成了产业之间的划分。将信息相关服务业（数据产业）从第三产业抽离出来，独立于第一、第二、第三产业之外，形成新的产业——第四产业，正是适应产业结构变化所使用的统计分类。任何产业的发展，首先表现为其运行成果的不断扩大。目前第四产业的规模已扩大得相当可观了。我国要在发展中高端产业中实现中高端增长、在满足中高端消费中实现中高端价值，必须把壮大第四产业作为紧迫的战略任务、摆在突出的战略位置加快推进。

根据美国经济学家波拉特的主张，可用信息部门所创造的财富与收入占国民生产总值（GNP）的比例大小和信息劳动者占就业总人口的比例大小去衡量社会信息化程度。就业结构的变化，是体现产业发展状况的另一个重要方面。从信息服务产业的就业人数看，信息服务产业对产业结构的影响很大。从我国信息产业的发展情况来看，信息产业已迅速发展起来了，原来对产业所作的三次产业划分和研究，远远不能适应经济发展的现状。随着信息产业规模的不断扩大，信息服务产业必然从服务业中分离出来，形成独立的产业。

二、技术维度

技术进步是信息产业体系实现结构性变革的根本动力。技术成果的出现，是新的产业部门孕育的直接起点；技术结构决定了信息产业结构的组合方式；技术发展速度决定了产业结构的变革速度。经济增长水平的提高，会带来产业结构的变动。经济增长在技术进步的推动下，将会促进产业结构的加速变动，带来新的经济增长的良性循环。

20 世纪中叶，以技术创新为显著特征的技术进步不断发展，出现了数字信息技术，从而引发了一场信息革命。在这次革命中，产生了信息技术创新群及以信息技术为主导的新产业群，出现了在数字化基础上的计算机、网络与通信技术的融合。宏观上，因信息革命引发的信息技术创新与扩散、发展和融合，为人类提供了社会和经济发展新的途径与技术范式。信息革命不同于以往历次产业革命的根本区别就在于：以往历次产业革命都是停留在人类已知的物质和能量之间的生产工具的革命，而信息革命首先是人类认识领域的创新，其次才是生产工具的革新和生活方式的改变。这种革新和改变在更深更广的领域促进人们对传统产业的全面改造。

信息技术特别是互联网作为一种新兴技术，与 100 年前的电力技术、200 年前的蒸汽机技术一样，将对人类经济社会产生巨大、深远而广泛的影响。在 20 多年时间里，互联网在中国沿着"科研机构—大学—社会"的路径实现创新与扩散，从无到有、从小到大。目前，全国已经有 6.3 亿网民，近 5 亿的智能手机用户。通信网络的进步，互联网、智能手机、智能芯片在企业、人群和物体中的广泛安装，为第四产业的发展奠定了坚实根基。

三、科学维度

正如"三螺旋"创新理论所揭示的，把科学和技术适当分开的时候已经到了。这里所说的分开，是指出不能把科学和技术混为一谈，技术是生产生活工具的概念，科学是人力资本的概念。

人力资本领域的创新属于大科学的范围，文化创意是其中至关重要的一个方面。随着新科技革命和产业变革的不断深化，以及人民精神文化需求的不断增加，知识创新、文化创意对于经济社会发展的作用和影响越来越显著。如果说我国经济发展在技术创新上还存在短板的话，科学的创新更是短板中的短板，尤其需要加强。我国明确提出要把科技创新和科学普及作为创新的两翼，在很大程度上体现了这一发展趋势，意义非常重大。

人力资本在创新中的作用之所以越来越突出，正是得益于第四产业的发展。第四产业为人力资本发挥作用、科学的传播普及、文化创意的碰撞交流提供了广阔的平台和空间。

四、经济维度

依靠经济发展的质量变革、效率变革、动力变革，建设现代化经济体系，是世界经济现代化的普遍经验，也是中国经济发展的必然方向。第四产业因信息革命而诞生、成长、壮大，其主要功能在于促进经济和产业发展的效率革命，并带动经济和产业发展的质量革命和动力革命，对于我国建设现代化经济体系具有重大意义。

在国民经济中技术含量高、产业关联广、对国民经济发展贡献突出的产业，往往被视为国民经济的支柱产业。20 世纪 90 年代以来，在全球化浪潮和信息产业技术革命的强力推动下，我国信息产业蓬勃发展，已成为我国名副其实的支柱产业。更为突出的是，信息技术和信息产业已经渗透到国民经济乃至社会的各个领域。根据 CNNIC 的统计，我国互联网用户早在 2008 年 6 月就超过美国成为世界第一。

技术、知识、产业这三个层次是我国学者对于信息化进行阐述的主流范式：首先从技术层面上来讲，信息化是信息技术在社会中得到不断推广和应用的过程，信息技术扩散与传播的过程是理解信息化的重要基础。其次从知识层面上讲，信息化是一个信息资源和信息得到不断开发、利用的过程。更宏观的是从产业层面上理解，信息化是信息产业兴起、成长和不断发展乃至成熟的过程，在这个过程中不仅诞生了新的产业，而且新的产业不断与原有产业进行融合交汇，模糊了原有的产业边缘，产生了新的内容和形式。

从就业角度看，就业结构变动是信息相关服务产业结构演进和变化的指示器，就业结构和产业分布的总体趋势是从物质资料生产部门逐步转入服务部门，大批的劳动者将朝着信息服务等信息产业转移。与此相对应的是以上技术密集型的产业部门占国民生产总值的比重在提高，以体力劳动为主的劳动者所占比重趋于下降，以脑力劳动为主的劳动者相应增多，在脑力劳动者中，从事具有创造性活动的劳动者数量在不断扩大，而普通脑力劳动者所占份额趋于缩小。

第四产业和互联网深刻改变了现代经济发展的范式。为什么优秀互联网平台在不收费的情况下还可持续、高质量地成长？为什么互联网平台企业对许多传统行业形成巨大冲击？为什么优质互联网企业在不盈利的情况下还有超出平均水平的市盈率？这些在传统经济条件下看似匪夷所思的问题，正是新时代新经济的必然体现。从产业链条看，无论是要素供给，还是产品生产，抑或市场营销等各个环节，都被注入越来越多的"互联网"基因，市盈率正在越来越多地被"市梦率"所替代。

五、社会维度

信息社会是一种知识型社会，其主要特征是高度自动化以及人们对知识的强烈追求。经济学家汤姆·斯托尼尔认为信息社会具有七个方面的特点：第一，包括信息服务在内的信息产业将取代制造业而占主导地位；第二，社会劳动中占主导地位的是信息工作人员而不是机器操作者；第三，信贷逐步取代现金交易；第四，经济是跨国性的，生产过程也是跨国性的；第五，制度经济学代替自由市场经济学，政府在计划方面的作用增大；第六，社会极大地富裕；第七，科技发展迅速。当今人类社会已经跨进信息社会，虽然许多地方还存在着二元或多元结构，传统社会、工业社会和信息社会的色彩杂然相映，但信息社会已经成为主流，其特征几乎渗入经济活动的每个角落。信息产业早已出现，并以人们预想不到的速度发展，这是毋庸置疑的事实。将信息服务相关产业独立于第三产业，成为一个独立的产业——第四产业势在必行。

从乡村振兴的角度看，实现城乡融合发展和农业农村的现代化、从根本上解决城乡二元问题，其基础和关键在于一二三产业的融合。而实现这一融合，必须加大力度发展第四产业特别是农村第四产业。

第二章
农村信息化的起步和突破

改革开放以来，我国农业、农村发生了翻天覆地的变化。自 20 世纪下半叶特别是 90 年代以来，作为新科技革命和产业变革最重要的力量之一，信息技术在农村得到了日益广泛的应用，农村信息化进程日趋加快。在早期，信息技术在农村的应用主要是手段替代，对产业形态没有产生实质性的作用。2006 年，张来武教授作为宁夏回族自治区副主席，组织推动宁夏信息惠农工程的实施，实现了以信息技术为基础的产业形态的突破。

第一节　农村信息化的起步

20 世纪 70 年代以信息技术开始进入农业领域为特征，标志着我国农业、农村信息化建设开始起步。1979 年，我国引进农口的第一台大型计算机——Felix C-512，主要用于农业科学计算、数学规划模型和统计分析等。1981 年建立第一个计算机农业应用研究机构——中国农业科学院计算中心。1987 年农业部成立信息中心，开始重视和推进计算机技术在农业和农村统计工作中的应用。20 世纪 80 年代末，以计算机和网络技术在农业领域的逐步推广为特征，标志着我国农业信息化进入发展阶段。为适应构建社会主义市场经济体制的形势发展，1992 年农业部制定了《农村经济信息体系建设方案》，成立了农村经济信息体系领导小组，加强信息体系建设和信息服务工作的统筹协调与规划指导，农业信息工作被提到重要日程。1994 年成立主管信息工作的市场信息司，随后各省（区、市）农业部门相继成立了对口的信息工作机构。1996 年中国农业信息网建成开通，并为省、地农业部门和 600 多个农业基点调查县配备了计算机，实现了统计数据的计算机处理。1996 年第一次全国农业信息工作会议的召开，标志着我国农业信息化开始进入政府推进、有序发展的新时期。

21 世纪以来，以互联网技术、数字化技术等高新技术在农业领域的广泛应用和注重农业信息服务为特征，标志着我国农村信息化也进入快速发展阶段，农村第四产业发展也迎来了重大历史机遇。2001年农业部启动了《"十五"农村市场信息服务行动计划》，全面推进农村市场信息服务体系建设。2003 年建立了以"经济信息发布日历"为主的信息发布工作制度。2006 年下发了《农业部关于进一步加强农业信息化建设的意见》和《"十一五"时期全国农业信息体系建设规划》。2007 年出台了《全国农业和农村信息化建设总体框架（2007—2015）》，全面部署农业和农村信息化建设的发展思路。此外，金农工程、"三电合一"工程、"农村信息化示范"工程等重大项目的建设，成为全面快速推进农业农村信息化建设的重要支撑。

一、农村信息化服务模式

在科技部、农业部等国家部委的推动下，全国各地对农村信息技术应用不断地进行着探索和创新，一批成功的农村信息化模式受到"三农"的极大欢迎。

（一）农业科技"110"

1998 年浙江衢州开展了通过拨打电话进行农业技术咨询和指导

的服务模式。这种模式借鉴"公安110"快速反应机制，利用信息技术手段，把农民的技术服务需求与农业科技推广部门快速对接，显著提高了农业科技服务的效率。此后，该模式在科技部门、农业部门的大力推广下，在全国很多地方发展起来，形成了电话咨询、现场指导、农资服务一体化的"技物结合"式服务典型。随着手机、互联网在农村的快速推广，农业科技"110"服务逐步扩展了手机短信、电子邮箱、视频诊断等功能。各地在推广农业科技"110"模式过程中，海南省通过在全省整体推进、构建统一指挥平台、发展基层专业服务站点等手段，打造了自己的农业科技"110"品牌。2005年国家科技部向全国发出《农业科技"110"信息服务模式推进方案》的通知，要求推广农业科技"110"模式。目前，海南省农业科技"110"为满足现代农业生产对科技的新需求，通过整合农业科技资源和服务方式，以科技服务农民为宗旨、以信息资源为核心、以服务热线为纽带、以数据网络为基础、致力推动信息在广大农村的低成本、高效率传播，实现科技与农民的零距离衔接，建立了指挥中心、专家团、服务站；18个市县共有服务站（点）283个，服务覆盖面达128个乡镇，开通了全省统一服务电话963110。

（二）电视机上网

21世纪初，农村信息化水平很低，基础设施不完善，信息接入环境急需提升。2002年郑州市探索出"电视机＋机顶盒＋ADSL"的电视机上网模式。组织相关企业研发集高新技术产品、信息采集制作、网络播放为一体的 DVnD 数字视频网络点播系统，降低农村信息化建设和使用成本，并用类似电视的方法用遥控器进行操作，以视频点播的直观方式把农业科技、农村基础教育、文化娱乐等信息直接传送到农户家里。截至 2007 年 8 月底，郑州电视上网用户达 37253户，覆盖全市所有乡镇和行政村，还带动了全省周边地区 30 多万户，辐射全国 100 多万户。

（三）卫星宽带远程培训

2000 年，北京市科委批准成立了北京市农村远程信息服务工程中心，依托北京市农林科学院信息所通过卫星宽带开展远程农业科技培训活动。目前，北京农村远程教育及信息服务系统发展成为一套基于卫星宽带网络、地面 Internet 网、局域网延伸、有线电视网延伸等相结合的宽带技术体系，主要是采用先进的流媒体技术，把农业科学技术、农业科研成果和农业信息资讯等内容进行数字化深加工制作成声音、视频、图片和文字具备的多媒体课件，依托"亚洲三号"卫星，通过 KU 波段和 IP 信道下传，通过各地基站信息员向农民传递信息、开展培训。它是国内第一个面向"三农"延伸到基层的农民远程教育网络技术平台。已推广到河北、福建、西藏、新疆、山西等 20 个省（区）的 200 多个地区。

中组部全国农村党员干部现代远程教育开始也是通过卫星传播，保证每个村子能够接收到电视培训节目。

（四）互联网服务

随着农村宽带的推广，通过互联网开展农村信息服务的模式逐步成为主流。2001 年甘肃省金塔县依托国家远程教育工程，建立村级信息点，通过广大师生的充分参与，以信息简报的形式把网络信息与广大农民的生产实际紧密联系起来，探索出一个适合当地农业发展现状、农村信息互动、农民生产耕作、政府政务一线公开化的新的农业信息化模式，被誉为"金塔模式"。

2003 年，广东省科技厅启动实施了"广东农村信息直通车工程"（简称"直通车工程"）。直通车工程包括科技信息、价格、农贸、水产、就业、文化、健康、党建、廉政等九大"直通车"。通过联合组织监察、共青团、信息产业、农业、物价、文化、气象、劳动、教育等部门，有效整合各类涉农信息资源，构建"多渠道、多终端、多元化、多层次"的现代农村信息综合服务网络，采取"统一品牌、统一标准、统一服务、统一管理"的策略，建立"政府引导、共建共享、企业运营"的新模式，实现信息在广大农村中低成本、高效率传播，逐步走出一条农村信息化建设可持续发展的新路子。

2004 年，湖南省开始实施"科技信息'户'联网"工程，充分整合科技资源，利用互联网和电话为农业、农村、农民提供高质量、宽范围、大容量科技服务。工程以科技信息的传递为主，充分发挥各级科技部门的作用，调动社会科技资源为"三农"服务，帮助农民早日实现小康。用户（包括农户）利用固定电话、移动电话、小灵通接通湖南统一的"96318"特种服务电话，通过科技信息"户"联网平台提出服务请求（诸如农业生产上的技术难题、农产品的供求信息等），经过处理，通过与"户"联网相连的信息资源库及涉农服务队伍的联动，接受服务。

2005年，浙江省农业厅启动了"百万农民信箱工程"（农民信箱）。农民信箱是利用互联网技术和通信技术，通过全省农民的实名制注册，让农民借助电脑和手机短信进行网上双向交流，快速、便捷地获得各类免费科技资料、市场信息和系统提供的服务，构筑农民网上社会。农民只需要在自己信箱内的摊位里摆好农产品，在信箱里发布信息，后面的事就由信箱帮助与外界联络。农民信箱集成了1万多个有关农业技术和农产品市场信息的网站及各方面涉农网站，并且按地区和行业进行了分类，农民可以按需便捷地查询。同时还集成了浙江省、市、县、乡镇各级农技专家和农技人员的资讯，农民需要咨询技术难题或产业信息时，可以给他们发信或打电话。到2007年8月，浙江农民信箱已有注册用户140多万人。

二、农村信息化服务特点

上述农村信息化服务模式都是地方政府因地制宜、因时制宜，找准信息技术与三农的切入点和突破口，以解决"最后一公里"为重点，整合各种技术，经过不断摸索总结出来的典型。虽然从第四产业的定义来看，这些服务模式属于农村第四产业的范畴，却并不能体现第四产业作为平台经济，作为以数据为劳动对象和生产资料的经济形态的本质。总结这一时期农村信息化服务，我们可以看到如下特点。

——地方探索、各自为战。由于对信息技术的认识需要一个过程，从整个国家层面没有统一规划农村信息服务平台。各地方按照自己的需要探索了一些模式，是一种试错的过程。在上述经验模式的背后，是大量的失败案例。很多地方和部门仅仅把信息技术作为一种手段孤立地推广，带来工作效率提高的同时，也带来了高昂的成本。

——技术更新、功能替代。农村信息化服务从电话（手机）、电视、卫星手段逐步向互联网技术演进，互联网、移动互联网最终成为赢家。同时我们看到，信息技术的引进没有带来新的商业模式，主要是为现有服务模式提供了新的技术手段。例如远程培训、农业科技服务都是如此。

——政府推动、以事为本。信息技术首先在政府工作中得到应用。例如农村教育、农村远程培训、金农工程、农业信息化技术服务等。这些工作原本是各级政府部门的职责，政府应用信息技术的目的不是解决农村居民的需求，而是为了提高自己本职工作的效率。

——信息孤岛、持续性差。由于管理上的条块分割，各种信息数据库结构、网络接口都不统一，形成了信息孤岛。由于不能形成规模效益，农村信息化项目大部分持续性很差，如果没有政府的持续支持，就可能立即"停摆"。

第二节　农村信息化的突破

平台思维是发展第四产业的核心理念。2006 年，张来武教授作为宁夏回族自治区副主席以平台经济理念为指导，组织推动实施宁夏农村信息化工作——宁夏信息惠农工程的实施，带领宁夏农村信息化在探索中寻求突破。宁夏农村信息化发展路径是，由政府建立公益性信息服务平台，带动市场建立商业化信息服务平台，支撑农村信息化综合服务和农村科技创业。

一、历史背景

西部大开发战略的深入实施、科学发展观的正确指导、社会主义新农村建设举措的具体落实，是宁夏新农村信息化建设模式创建与形成的历史条件。

（一）西部大开发战略的机遇

西部大开发战略的深入实施，为宁夏农村信息化建设注入了强大动力。加快中西部经济发展、实施西部大开发战略，是党中央在世纪之交提出的具有历史意义的重大战略部署，经过近十年的实施，已经取得了举世瞩目的成效。此次西部大开发的显著特点之一是，强调以深化内涵作为经济增长的主要方式，"科教兴国"、"创新经济"、"可持续发展"、"跨越式发展"成为西部各省、自治区、直辖市经济大开发的主旋律，高视野、高起点地实施信息化发展举措，成为西部各地发展"追赶型"经济的自觉选择。同样，信息化发展在西部农村的现代化进程中，亦得到了高度重视，"以信息化推进农业产业化，以信息化拉动农村现代化"的理念日益深入人心。这是宁夏农村信息化建设重要的时代背景和强大的动力支撑。

（二）科学发展观的可持续发展要求

科学发展观的确立，使宁夏农村信息化建设的现实意义和历史意义愈加清晰。科学发展观的第一要义是发展，核心是以人为本，基本要求是全面协调可持续，根本方法是统筹兼顾。深入落实科学发展观，必须注重协调和统筹城市与农村的发展，必须注重协调和统筹工业与农业的发展。尤其在提供公共服务方面，应尽快缩小城乡差别。农村信息化的发展与普及，在全面落实科学发展观的实践中具有无可替代的"抓手"作用，是实现农村科学发展、和谐发展的必由之路。这为宁夏农村信息化建设的全面展开，提供了重要的理论支撑。

（三）社会主义新农村建设任务的提出

社会主义新农村建设举措的具体落实，为宁夏新农村信息化建设指明了方向。2006 年中央一号文件《中共中央　国务院关于推进社会主义新农村建设的若干意见》中指出，要积极推进农业信息化建设，充分利用和整合涉农信息资源。2007 年中央一号文件《中共中央　国务院关于积极发展现代农业扎实推进社会主义新农村建设的若干意见》中又进一步对新农村信息化建设提出了更为具体的意见。提高农业水利化、机械化和信息化水平，用信息技术装备农业。健全农业信息收集和发布制度，整合涉农信息资源，推动农业信息数据收集整理的规范化、标准化。加强信息服务平台建设，加快建设一批标准统一、实用性强的公用农业数据库。加强农村一体化的信息基础设施建设，创新服务模式，启动农村信息化示范工程。党中央、国务院对社会主义新农村建设中有关农村信息化建设的战略举措，为宁夏新农村信息化建设指明了方向，构划了蓝图。

二、基础条件

农村信息化推进工作，一直由八大涉农部门各自进行。宁夏科技厅向科技部申请了"十一五"科技支撑计划项目"西部民族地区电子农务平台关键技术研究及应用"，在宁夏的南部山区、引黄灌区、中部干旱带等实施农村信息化工作；供销社在农村利用农资店等进行便农服务、农牧部门利用农业技术推广部门、农广校等进行农民技术培训，均未形成有效的全面服务。针对这一问题，宁夏党委、政府高度重视信息化，由书记、主席担任信息化领导小组的组长和副组长，党委、政府"一把手"亲自抓，在信息化建设方面进行了不懈的探索和尝试，推动了全区信息资源的共建共享和互联互通，全区信息化基础设施和应用水平不断提高，为宁夏新农村信息化建设模式创建与形成创造了基础条件。

（一）信息基础设施发展迅速，信息终端普及率不断提高

初步形成了大容量、高速率、覆盖全区城乡的信息通信网络，截至 2006 年，电信光缆线路总长度达 15000 公里，广播电视光缆干线长度达 2000 公里，全区电话用户总数达 278 万户，固定电话普及率 17.6 部 / 百人；移动电话普及率 27.3 部 / 百人。完成了全区 73% 有线电视用户的数字平移，全区有线电视入网用户近 40 万户，城镇入户率达到 95%。全区互联网用户达 61 万户，普及率达 5.5%，全区出口网络总带宽达 30GB/S，通信、电视基础设施居西部前列。信息基础设施的不断完善有效支撑了新农村信息化的快速发展。

（二）电子政务建设取得初步成效，互联互通水平进一步增强

以资源整合为重点，积极推进覆盖党委、人大、政府、政协、法院、检察院等多系统共用自治区信息中心平台的建设，完成了自

治区、市、县三级党务内网和政务专网的建设，实现了自治区党委、政府与各部门、市县（区）电子公文的流转，开通了宁夏回族自治区人民政府门户网站，实现了部分政务信息的公开。依托中央部署的"12 金"工程，全区 90% 的政府部门建立了不同规模的局域网，开通了 80 多个各具特色的业务网站，国家发改委、财政、统计、工商、税务等部门实现了公文管理、固定资产网上申报审批、企业投资项目备案、国库集中支付、农民一卡通、经济普查数据查询、企业信用分类监管、12315 消费者申诉举报、企业网上年检、网上纳税等网上业务办公。互联互通也为新农村信息化建设奠定了良好的基础。

（三）重点领域信息化稳步推进，信息资源开发日益增强

社会事业领域信息化应用取得明显成效。教育信息化有了较大的发展，初步建成了覆盖全区城乡的教育信息网络，基本实现了"校校通"，建设计算机教室和多媒体教室 3500 个，中小学现有计算机 6.3 万台，生机比达到 18∶1，全区基础教育资源库容量达到 560G，分类建设、分布存储、多级共享的宁夏基础教育数字化资源库已初步形成；建设了科技计划管理、科技信息、社会保障信息系统、劳动力市场信息网络系统和自治区级劳动保障数据中心；建成了全区突发公共卫生事件"五级"疫情监测报告网络、防汛抗旱指挥系统、灌区信息系统等一批行业领域的信息系统和数据库，这为新农村信息化建设应用创造了良好的条件。

三、发展历程

宁夏新农村信息化建设思路和模式的创建经历了科学决策、基本确立、方案成熟和省域试点四个发展阶段。宁夏新农村信息化建设不仅仅是技术层面的信息化，更是创新经济学指导下的全面创新改革。

（一）科学决策

2006 年宁夏第十次党代会闭幕不久，自治区党委、政府为贯彻落实党代会精神，将"信息惠民"作为自治区政府向全区 600 万人民郑重承诺的 30 件实事之一，其重点是加快推进农村信息化建设，让千家万户享受信息化带来的实惠，让小农户进入大市场，让农民充分享受信息化带来的现代文明成果。

在广泛、深入、系统调研的基础上，2006 年 11 月 30 日，由自治区党委书记、自治区信息化建设领导小组组长陈建国主持，召开了宁夏回族自治区信息化建设领导小组第一次会议。会议分析了当前宁夏信息化建设存在的问题，提出了对信息资源进行统一整合的思路，并确立了从宁夏急需的农村信息服务系统等一批应用系统入手，加快信息资源的开发利用步伐，努力实现各地、各部门的互联互通和信息共享，让全社会都能充分享受到信息化的成果的宏观举措。

2007 年 2 月，宁夏回族自治区党委、政府下发了《关于集中信息资源建设信息中心平台的决定》。该决定阐明了宁夏集中信息资源、建设"信息中心平台"的重要性和紧迫性，确立了此项建设的指导思想、基本原则、总体目标、整体格局、重点内容和保障措施。该决定是宁夏有史以来关于信息化建设的最高级别文件，对于加速宁夏信息化发展进程具有十分重要的现实意义。

（二）基本确立

2007 年 6 月，宁夏回族自治区副主席张来武主持召开了由自治区信息化建设领导小组各成员单位负责人及相关企业负责人参加的专题会议，专门研究农村信息化建设涉农信息资源共享与整合问题。会议决定：（1）成立自治区涉农信息资源整合工作小组。由自治区农牧厅、信息产业办、发展改革委、科技厅、统计局、扶贫办、供销社、农科院、招标局、气象局、科特办、科技创业协会以及宁夏电信、宁夏联通、西部电子商务股份有限公司等单位组成。（2）加快全区农村综合信息网站建设。建立全区农村综合信息平台，使其在自治区中心信息平台的总构架下开展业务；鼓励和支持建设单位在自行投资的前提下建设各具特色、定位不同的网站，实行以奖代补政策，促进行政村信息站点建设。（3）加快农村综合信息网站数据库建设。优先建设农产品信息数据库、农业气象服务数据库、农业技术知识数据库和科技特派员创业行动数据库。此次会议较系统地对宁夏农村信息化建设的关键环节进行了决策，基本形成了宁夏新农村信息化建设模式的雏形。

（三）方案成熟

2007 年 4—7 月，由自治区科协、自治区广电总局、自治区农牧厅、中国电信宁夏分公司、西部电子商务股份有限公司等单位协作建设的宁夏农村综合信息服务平台（含宁夏农村综合信息服务网、宁夏三农呼叫中心）、宁夏农村网络电视（IPTV）平台建设取得突破性进展，为在行政村信息服务应用铺平了道路。

2007 年 7 月，自治区信息化建设领导小组办公室向全区各市、县（区），自治区信息化建设领导小组各成员单位及各有关单位印发了《关于印发全区新农村信息化建设有关指导方案的通知》。以《全区新农村信息服务站建设指导方案》、《新农村信息服务站管理制度》、《新农村信息服务站验收评估办法》、《新农村信息服务站结对帮扶单位职责》等具体实施办法确保新农村信息服务站建设质量和规范管理。上述"一揽子"实施办法对新农村信息服务站的建站标准、建站模式、运行机制、管理原则及细则、评估标准、验收办法、结对帮扶单位的具体职责等，均作了明确规定与要求，具有突出的指导性和可操作性，对于推进宁夏新农村信息化建设发挥了十分重要的作用。

（四）省域试点

2007 年 8 月，自治区副主席张来武带领相关部门的同志，到永宁县蹲点，抓农村信息服务站建设并进行深入的调研，为进一步完善宁夏新农村信息化建设决策掌握"第一手资料"。

2007年9月上旬，全区新农村信息化建设现场会在永宁县召开。自治区领导陈建国、王正伟、于革胜、崔波、刘晓滨、张来武，银川、石嘴山、吴忠、固原、中卫市委书记，试点县（区）委书记（县、区长），自治区信息化领导小组有关成员单位和相关企业主要负责同志参加了会议。与会代表现场观摩了永宁县大观桥桃协会信息服务站、天天鲜信息服务站、纳家户村信息服务站，宁夏电信新农村网络电视服务平台和西部电子商务股份有限公司网上视频呼叫中心演示。自治区党委书记陈建国同志在会上作了重要讲话。会议认为，宁夏以建设信息中心平台为重点，坚持服务"三农"的宗旨，以需求为导向，积极推进涉农信息资源的共建共享，初步实现了农村党员干部现代远程教育、文化信息资源共享以及互联网经营的"三网合一"，把服务终端全部集成在新农村信息服务站，实现了"一站多用"，解决了全国没有解决好的难题，体现了"小省区能办大事"的豪情壮志和团结协作的良好作风。会议强调，要进一步认识加快新农村信息化建设的重要意义，抓住机遇，扎实推进。要加强信息平台、信息资源、资金投入的整合，进一步拓宽服务领域，提高服务水平。要加强信息技术在农村文化建设、社会建设和党的建设等领域的应用，为发展现代农业、推进新农村建设、实现跨越式发展作出新的更大贡献。会议要求，要加快宁夏社会主义新农村信息化建设方案的实施，2007年完成全区52%共1207个行政村的信息服务站建设，2008年8月底前基本实现全区行政村村村能上网、村村通网络电视（IPTV）。此次现场会既对前一阶段新农村信息化建设进行了全面系统的总结，又对今后工作进行了新的部署，提出了新的要求，在宁夏新农村信息化建设历程中，具有承前启后的重要作用，也标志着宁夏新农村信息化建设模式的成熟和完善。

2007 年 9 月 21 日下午，在北京宁夏大厦举行"宁夏回族自治区涉农信息平台建设方案论证会"，宁夏新农村信息化建设模式被专家概括为四十字，即"强势领导、多方推进，创新共赢、多网融合，平台上移、服务下延，整合资源、个性服务，多元投资、长效机制"。

四、主要做法

区别于其他省市从某一领域或某一地区做起、实现点状突破的做法，宁夏推进农村第四产业发展，从一开始就是利用互联网平台思维，从全省层面建立农村综合信息服务平台，使信息能够在全省层面汇集，形成海量信息服务数据，实现信息资源的充分共享，提高信息服务效率。

（一）统一平台，提高信息资源的有效使用

从平台、网络、数据库到终端全部实现共建共享、互联互通。数据库实行省级大集中，为自治区中心平台的各类应用提供数据支持。

全区统一建设涉农信息共享资源库，提高信息资源的使用效率。制作具有实用价值和区域特色的本地化的农业数据库和农业专家系统，依托自治区中心平台，建设了互联网电视 IPTV 分平台，可向全区 2 万个农村用户提供包括直播电视、时移电视、视频点播等在内的互联网视频服务。

（二）以点带面，以"五个一标准"建设信息服务站

将信息服务站建设作为新农村信息化建设的重点和突破口，按照先试点、后推广的办法，先川后山、先易后难、稳步推进。区领导亲自到基层实地蹲点抓信息服务站建设。信息服务站要达到"五个一标准"，一处固定场所、一套信息设备、一名信息员、一套管理制度、一个长效机制和考核评估办法；信息员要达到"四会要求"，会操作、会收集、会分析、会传播信息；实现"三项功能"，互联网经营、农村党员干部现代远程教育、文化信息资源共享。每个信息服务站由自治区有关部门统一考核，统一挂牌。

（三）三网融合，突破网络资源分割体制性障碍

利用现有资源实现电信网、广播电视网和计算机网"三网"有效融合的设想，并设计出了以 IPTV 作为"三网融合"的切入点。宁夏电信的光缆已覆盖全区所有乡镇和 75% 的行政村，输送容量也足以满足全区农民打电话、上网、看电视的需要，而且技术难度小、所需投资少。确定以宽带作为多业务承载平台，利用电信数据传输

网传输广电提供的高清晰电视节目，利用机顶盒等设备，在一条入户网线上为用户实现上网、打电话、看有线电视等多种业务的 IPTV 发展模式。

（四）长效运营，引入信息科技特派员机制

努力探索农民、政府、企业各方面利益兼顾的"公益服务＋企业运营"建设运行机制，确保在为"三农"提供公益服务的同时，按照市场机制保证新农村信息化的良性运转。引入了科技特派员机制对信息员进行管理，搭建科技特派员创业技术服务平台，提高信息服务站创业能力。每个县（市、区）至少建立 1 个从事农村信息经营服务的信息科技特派员法人实体，辖区内行政村信息服务站都可作为其经营网点，鼓励各市、县（区）探索农村信息化的长效机制和运营模式，引导信息科技特派员面向市场，借助网络，开展农资、农产品营销活动。

（五）创新共赢，实现信息化的低成本高效益

在加强财政投入的同时，创新思路，充分发挥市场机制的作用，形成了国家相关部门投资、各级政府投资、帮扶单位及社会投资等"多元化"的投资体系，参与全区信息中心平台基础设施建设和网络进村工程，各帮扶单位、其他企事业单位都出资出力支持新农村信息化建设。实现了"政府赢"、"农民赢"、"部门赢"、"企业赢"的"多赢共赢"局面。

五、基本经验

（一）强势领导、多方推进

"一把手"工程。宁夏回族自治区党委、政府成立了由自治区党委书记任组长、自治区主席任副组长、相关部门负责人为成员的信息化领导小组，主管信息化工作的副主席担任领导小组办公室主任，具体抓信息化建设。将"信息惠农工程"列入"民生计划"，领导小组多次召开专题会议和现场会，及时研究解决新农村信息化建设过程中出现的问题。5个市和22个县（区、市）也分别成立了"一把手"为组长，相关部门、各乡镇"一把手"为成员的信息化领导小组，将新农村信息化建设作为建设新农村的重要举措，列入议事日程，并根据本地区实际情况，制定了新农村信息化建设方案，形成了主要领导亲自抓、负总责，分管领导具体抓，其他部门积极参与、配合协作的领导体制。自治区多位领导还分别就新农村信息化建设的有关情况作出过许多重要批示。

各方通力合作。按照"政府牵头，企业参与，结对帮扶，多方联动"的推进办法，全区新农村信息化建设工作在自治区信息化领导小组的领导下，由自治区信息化领导小组办公室负责，区委组织部、区财政厅、农牧厅、文化厅、科技厅、科协等有关部门参与，各市、县（区）组织实施，部门以及有关企业共同参与。宁夏电信将村村通网络作为"一号工程",项目组人员加班加点进行施工,在较短的时间内完成了中心平台建设和网络建设的任务,有力地保证了新农村信息化建设任务如期完成。多方参与结对帮扶。为加快新农村信息服务站建设步伐,自治区信息化建设领导小组就试点市(县、区)农村信息化建设,确定了一批结对帮扶单位,对部分试点市县和贫困地区实行结对帮扶的办法,由帮扶单位同当地政府共同解决信息服务站建设中的困难和问题。帮扶单位的主要职责是出资帮助对口县区建设信息服务站和培训信息员。

(二) 创新共赢、多网融合

创新合作模式,实现 IPTV 业务的融合。利用现有电信光缆将"三网"融合,设计出以 IPTV 作为切入点,将宁夏电信的光缆覆盖全区所有乡镇,以宽带作为多业务承载平台,在一条入户网线上为用户实现上网、打电话、看有线电视等多种业务的 IPTV 发展模式。创新建设思路,实现服务站功能的融合。坚持"整合"和"融合"的工作思路,将农村党员干部现代远程教育工作统一纳入自治区信息化建设的总体思路和规划中,依托 IPTV 平台建成远程教育前端播出平台,将自治区新农村信息服务站作为远程教育接收站点。

同时,依托新农村信息化建设,将每一个农村信息服务站作为一个文化信息资源共享工程服务站,开展文化信息资源服务,还提供在线阅读等功能,全面提升了公共文化服务的水平,促进了文化工作手段的现代化。新农村信息服务站还融合了 12315 涉农维权功能,使信息化维权手段在全区所有行政村得以全面应用，农民消费者权益受损时，不出村就能得到辖区工商人员的及时帮助。不仅如此，新农村信息服务站还融合了计生服务功能，把新农村信息服务站作为村级计生数据的采集点和报送点，有效减少了基层人员的填报负担，并且减少了中间环节，最大限度上避免了数据失真，保证了数据的准确性和真实性。

（三）平台上移、服务下延

平台上移。宁夏在设计新农村信息化建设模式时，没有采取层级复制、逐级建设平台、网络的办法，而是把平台、网络和数据库建设等下面市县做不了的工作，全部由自治区统一来做。

服务下延。将信息服务站建设到行政村和产业基地，信息服务直接进入到村，使得农民成为农村信息化的最大受益者。

通过平台上移和服务下延，为成功解决新农村信息化"最初一公里"和"最后一公里"的瓶颈问题提供了一个崭新的思路。

（四）整合资源、个性服务

确定"共建一个涉农数据库"的思路，打破垄断部门和部门利益，按照归口建设的办法，对全区涉农信息资源进行整合，共建共享，提高信息资源的使用效率。数据业务建设的重点是涉农信息的收集和对全区农村综合信息服务平台、专家服务呼叫中心的数据支持，内容包括农业技术、农村党员干部远程教育、气象与防灾减灾、供求信息、科技特派员创业行动、文化信息（数字电影、数字图书等）以及面向农民的远程教育培训等信息资源库。在整合科技厅、科协、农牧厅等现有各类涉农呼叫中心的基础上，建设了全区统一的"三农呼叫中心"。该中心上联宁夏农村综合信息网、下联全区各农村信息服务站，功能主要是农业生产过程的呼叫服务、销售环节的呼叫服务以及农业科技资源与产权交易服务。呼叫方式可选择电话、短信、电子邮件和在线交流等多种途径，使得农民在任何时间、任何地点，都能最快捷、最方便地享受到信息技术带来的实惠。

（五）多元投资、长效机制

投资机制。宁夏回族自治区政府在加强财政投入的同时，积极探索新思路、新途径和新方法，运用市场运作手段，拓展多元化投资渠道，基本形成了国家相关部门投资、各级政府投资、帮扶单位及社会投资等多元化的投资体系。其中，争取到国家相关部门投资近 5000 万元，自治区财政投入 2000 万元，宁夏电信投资 2 亿元，西部电子商务股份有限公司投资 1000 万元。

运行机制。在农村信息化推进过程中，政府着重推动前期资源和市场整合，正式投入运营后逐步退出，让企业以市场化的形式，发挥主导作用，探索"公益＋市场"的信息化服务机制，确保在为"三农"提供公益服务的同时，按照市场机制保证新农村信息化的良性运转。

培训机制。实施新型农民信息化培训工程，对信息员进行重点培训，对农村重点人群进行技能培训，对广大农民进行信息化普及培训。因材施教，推动农村信息化培训科学化、经常化。注重村校结合，发挥学校的优势做好培训工作，有效推动科技知识的普及和运用。

管理机制。通过几年的探索实践，形成了"立足科技项目，突出科技创业；实施体制创新，注重金融推动；坚持市场导向，实行三线推进"的科技特派员创业"宁夏模式"。利用科技特派员制度，建立信息科技特派员队伍，实现农村信息员向信息科技特派员身份转变，有利于在做好公益性服务的同时，利用市场机制，借助网络平台，开展农资、农产品营销活动，实现自我发展，减轻政府财政负担，保证信息服务站持续高效发挥作用，巩固农村信息化建设成果，为农村信息化建设提供长效机制。明确科技特派员的认定标准，规定各县(市、区)每年至少对信息科技特派员轮训一次，以提高其政治素质和业务能力。

六、重要意义

农村信息化宁夏模式产生了广泛影响。在国家层面，宁夏建立在农村信息化平台基础上的科技特派员创业引起了科技部的关注。2008年4月29日，科技部在北京召开了科技特派员制度实践探索研讨会，时任宁夏回族自治区副主席的张来武应邀出席会议并介绍了宁夏的经验，受到了来自联合国开发计划署、中共中央党校、新华社经济分析专线、中国农业大学、中国东方研究院、北京交通大学等单位的知名专家、学者肯定。同时，宁夏在农村建设信息化综合性服务站点的经验，受到了工信部的关注。工信部于 2009 年发布了《农村综合信息服务站建设和服务基本规范 (试行)》，在很大程度上借鉴了宁夏模式中"五个一"站点建设经验。宁夏模式以互联网宽带为通道实现了在农村的"三网融合"，后来被证明是发展的必然。如今，原来普遍采用卫星电视传输的全国党员干部现代远程教育也基本上都改为互联网宽带接入。

从第四产业发展来看，宁夏模式更重要的意义在于它第一次在省级行政区内构建起"一网打天下"的农村信息化综合平台，第一次试图通过政府数据资源的汇聚来获得新的价值，第一次把农村创业与信息化平台结合起来，催生了农村互联网经济的萌芽。从这个意义上来讲，宁夏模式是政府以自觉的方式推动第四产业发展的重大突破——信息技术在农村不再是简单的手段替代。

第三章
农村第四产业的兴起

美国互联网泡沫破灭以来，信息技术没有停步，相反仍然在高速发展，物联网、大数据、云计算等新技术成为时代的宠儿。伴随着中国经济的崛起，我国信息技术快速发展，电子设备制造、信息通信、信息服务的国际竞争力大幅度提高。为适应供给侧结构性改革和转换发展动能的要求，2015 年国务院印发了《关于积极推进"互联网+"行动的指导意见》（国发〔2015〕40 号）。在国家政策的支持下，农村第四产业在前期探索实践的基础上蓬勃发展，迅速兴起，日益壮大，成为解决"三农"问题的重要推动力量。

第一节 物质和技术条件支撑

得益于农村信息通信基础设施建设、农村信息技术创新与应用等的强有力支撑，农业、农村信息化加快推进，第四产业在农业、农村中所发挥的作用越来越明显。

一、第四产业基础设施

（一）网络平台基础设施构成基本成熟

"十一五"期间，截至 2010 年年底，全国行政村、20 户以上自然村通电话比重分别达到 100% 和 94%；全国 100% 乡镇能够上网，其中 99% 的乡镇和 80% 的行政村具备宽带接入能力；全国近一半乡镇建成信息服务站并基本形成县、乡、村三级信息服务体系。圆满完成"村村通电话、乡乡能上网"的目标，农村通信和信息服务迈上了新台阶。

自 2013 年国务院印发《"宽带中国"战略及实施方案》以来，截至 2014 年，3G 网络覆盖到全国所有乡镇，宽带覆盖了 91% 的行政村，宽带接入农村用户近 5000 万户，农村移动电话每百户超过了 200 部，全国 41% 的乡镇农村信息服务站有计算机并可以上网。

截至 2014 年 12 月，中国网民规模达 6.49 亿人，其中农村网民 1.78 亿人，农村网民中使用手机上网的比例高达 81.9%。截至 2016 年 5 月底，全国行政村通光缆比例超过 80%；2015 年年底，我国实现了 100% 的行政村通电话、100% 的乡镇通宽带。截至 2016 年 6 月，我国农村网民 1.91 亿人，占全体网民的 26.9%，农村的通信信息基础设施建设和信息化水平已经较以往有了大幅提升，为农村信息化建设打下了较好的基础。

"十二五"末期，我国农村网络平台基础支撑能力明显增强，基本实现农村宽带进乡入村，我国行政村通宽带比例达到 95%，农村家庭宽带接入能力基本达到 4 兆比特每秒（Mbps），农村网民规模增加到 1.95 亿人，农村互联网普及率提升到 32.3%。我国农村网络平台基础设施构成基本成熟，为第四产业在农业、农村中的发展奠定了基础。

（二）信息传输速度达到产业应用需要

农村宽带网络是农村经济社会发展的关键基础设施，是实现农业现代化的重要保障。由于受经济发展、地理环境等因素影响，我国大部分农村地区宽带网络基础设施还较弱，要实现"互联网＋现代农业"

对农村电子政务、农业生产经营的管理、农村电子商务、农业信息服务、农村互联网金融、农村服务的发展等农业全产业链的改造升级，就需要不断加强和优化农村宽带网络的建设。

近年来，随着农村宽带网络的普及，3G、4G 等移动网络得到了大规模覆盖，同时，国产智能手机厂商的崛起，大量平价优质的智能手机在农村迅速获得普及，农村居民越来越习惯通过手机上网，广泛地接触移动互联网，为"互联网＋现代农业"的发展带来了机遇。

2016 年工业和信息化部会同财政部联合组织实施了电信普遍服务两批试点工作，中央财政和企业投资超过 300 亿元，支持全国 27 个省（区、市）的 10 万个行政村开展网络光纤到村建设和升级改造，其中包括 3.1 万个建档立卡的贫困村，预计到 2017 年下半年我国行政村光纤通达比例将超过 90%。截至 2016 年 11 月底，我国农村网络光纤接入率达 82.2%，比 2015 年年底增加 19%，农村光纤宽带用户超过 6100 万户，比 2015 年年底提升 90%，大大提升了信息传输速度，达到了农业、农村产业应用的需要。

二、第四产业技术创新

（一）生产信息化提升了农业生产智能化水平

农业作为关系着国计民生的基础产业，其信息化、智能化的程度尤为重要。物联网技术在农业生产和科研中的引入与应用，将是现代农业依托新型信息化应用上迈出的一大步。物联网可以改变粗放的农业经营管理方式，提高动植物疫情、疫病防控能力，确保农产品质量安全，从而引领现代农业的发展。

国家物联网应用示范工程，智能农业项目和农业物联网区域试验工程建设目前正在积极推进，已经取得重要阶段性成效。我国已经在黑龙江、江苏、内蒙古、新疆、北京等多地相继开展了国家农业物联网应用示范工程，同时在天津、上海、安徽等地开展了农业物联网区域试验工程。总结推广了426项农业物联网软硬件产品、技术和模式，节本增效作用凸显。物联网设备广泛应用，农业智能化水平有了较大提升。

推动了农业物联网公共服务平台逐步完善和标准化，为农业物联网技术应用、集成创新、仿真测试、主体服务提供了良好的硬件设施和软件环境。先后接入了北京农业科学院云公共服务平台、中国农业大学水产物联网平台、天津奶牛养殖物联网应用平台、黑龙江农垦精准农业物联网应用平台、江苏水产养殖物联网应用平台、安徽小麦"四情"物联网监测平台、山东蔬菜物联网应用平台等国内先进的农业物联网应用服务系统。

（二）经营网络化加速了农产品电子商务发展

农业电子商务目前已经成为我国电子商务领域发展最为迅速的产业形态之一，农业电子商务的发展正在加速促进我国农业产业化的发展。农业电子商务异军突起，农产品电子商务保持高速增长，电商平台不断增加，农产品电商模式呈现多样化发展，正在形成跨区域电商平台与本地电商平台共同发展、东中西部竞相进发、农产品进城与工业品下乡双向流通的发展格局。

据测算，2015 年农产品网络零售交易额超过 1500 亿元，比 2013 年增长 2 倍以上，农产品电商交易平台已超过 4000 家。自 2010 年至今，阿里平台农产品销售额的年均增速为 112%，农产品销售额在 2010 年达 37 亿元，在 2013 年淘宝网生鲜产品（包括水产、肉类和水果）的增速高达 195%，居所有品类首位。2013 年全国生鲜电商交易规模 130 亿元，同比增长 221%。我国农产品电商发展势头迅猛。农产品质量安全追溯体系初步构建，有效支撑了农产品电子商务健康快速发展。

农业生产资料、休闲农业及民宿旅游电子商务平台和模式不断涌现，丰富了我国电商发展模式；农产品网上期货交易稳步发展，批发市场电子交易逐步推广，促进大宗商品交易市场电子商务发展；新型农业经营主体信息化应用的广度和深度不断拓展，大大提升了我国农业产业化经营水平。

（三）信息化管理、服务不断加强

大数据作为农业、农村管理的重要工具，在我国农业现代化建设中正在日益发挥着重要功能和巨大潜力，正在有力支撑和服务我国农业现代化。管理信息化不断深化，初步实现了管理过程的规范化、自动化和智能化。

一是金农工程建设成效显著，建成运行33个行业应用系统、国家农业数据中心及32个省级农业数据中心、延伸到所有省份及部分地市县的视频会议系统等。信息系统已覆盖农业行业统计监测、监管评估、信息管理、预警防控、指挥调度、行政执法、行政办公等七类重要业务，部门、行业之间业务协同能力明显增强。

二是信息化对种子、农药、兽药等农资市场监管能力的支撑作用日益强化。

三是建成了中国渔政管理指挥系统和海洋渔船安全通信保障系统，有效地促进了渔船管理流程的规范化和"船、港、人"管理的精准化。

四是农业数据采集、分析、发布、服务的在线化和智能化水平不断提升，市场监测预警的及时性、准确性明显提高。服务信息化全面提升，加速了信息服务体系、平台和机构的不断完善。

第二节 政府引领发展

2008年张来武教授调任科技部副部长，积极总结宁夏农村信息化省域示范经验和成果，并结合新形势的需要向全国推广。2010 年，科技部联合中组部、工信部、中央网信办启动国家农村信息化示范省建设试点工作。国家农村信息化示范省（简称"示范省"）建设是科技部联合中组部、工信部从国家战略高度进行顶层设计，按照"平台上移、服务下延、一网打天下"的理念，在省级范围内整合现有涉农信息资源和服务，融合多种涉农信息传播渠道，实现共建共享的一项综合性农村信息化示范试点工作。2010 年以来，科技部、中组部、工信部在东部发达地区、中部经济区、西北农牧区、西南民族区选择了13 个省市开展示范省建设试点工作，形成了一批创新型的商业模式，积极推动和推广了农村第四产业的创新发展。

一、国家农村信息化示范省总体部署

国家农村信息化示范省建设按照"平台上移、服务下延、公益服务、市场运营"的基本思路，以"平台上移、服务下延、一网打天下"为基本目标，依托全国党员干部现代远程教育网络，搭建"三网融合"的信息服务快速通道，重点建设好省级信息平台和基层信息服务站点。通过构建国家农村综合信息服务平台，在全国范围内实现信息的有效共享和流动，通过共享将聚合重组后的有用信息进村入户，推送到农户手中，将有效降低信息服务成本，从信息服务层面有效降低农户的生产经营成本。为配合国家农村信息化示范省建设，集成建设成果，彰显联合效用，在国家层面上实现省际农村信息服务资源的共享，在更大范围内发挥农村信息服务资源的集成效用，大大降低信息服务成本，大幅度提高信息服务能力、效率与个性化程度，西部电子商务股份有限公司、中国农科院信息化研究所、中国科学院合肥物质科学研究院等单位共同参与，在国家科技支撑项目支持下，研发了国家农村综合信息服务平台。

（一）平台上移，建设"国家大平台"

"国家大平台"体系架构如图 3-1 所示，由"云存储与云计算中心"、"数据集成与处理中心"、"'1+N'综合信息服务平台"、"用户网络"四个层次组成。

"云存储与云计算中心"是"国家大平台"的基础软硬件设施，可以形象的比作一个装有操作系统的超级计算机，它为"数据集成与处理中心"、"'1+N'综合信息服务平台"提供存储与计算资源。

"数据集成与处理中心"依托"云存储与云计算中心"，建立各种农业数据库，并集成数据获取、清洗、转换、挖掘等智能数据处理系统，为"国家大平台"提供基础数据支撑。

"'1+N'综合信息服务平台"由 1 个国家农村综合信息服务平台、N 个专业信息服务平台、"一城两区百园"互联互通与视频服务系统组成，依托"云存储与云计算中心"、"数据集成与处理中心"，直接服务涉农政府部门、农业企业、农民合作社乃至广大农户等不同用户群。

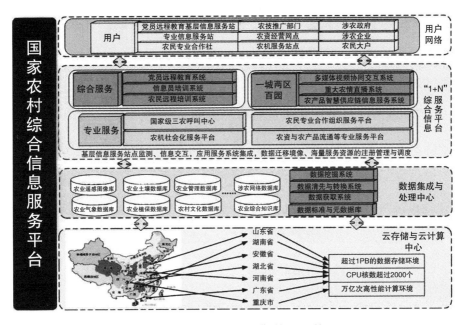

图 3-1 "国家大平台"体系架构

（二）合纵连横，构建多元化信息渠道

1个国家农村综合信息服务平台。为建设国家农村综合信息服务平台，开发建设了大容量信息资源交互门户，开展了"云＋端"农村信息服务模型方案设计与应用示范，构建了基于云平台的成果展示中心与运营维护中心、云服务应用系统融合与多媒体互动交流平台，并开发了基于平台云服务功能的多种云终端设备。

N个专业信息服务平台。基于全国农村信息化综合平台框架，开发了示范省农业生产、农产品交易、农产品物流等专业信息服务系统，构建了国家级三农呼叫中心、农机社会化服务、农民专业合作组织服务、农资与农产品流通等专业服务平台，为特色产业、专业合作组织等用户提供高效、便捷的专业化、个性化信息服务，并通过市场化运作实现可持续发展。

"一城两区百园"互联互通与视频服务系统。基于高清视频语音交互、音视频实时压缩、网络传输、多媒体呼叫服务等技术，研发了农村信息综合服务呼叫与多媒体视频协同交互系统；开发了重大农情直播和农产品智慧供应链信息服务系统；形成了交互式信息服务技术集成应用体系，实现国家农科城"一城两区百园"高速网联，以及园区产业链全过程交互式信息服务。

（三）服务下延，建设基层服务站点

服务下延就是面向基层农村居民的需求，通过对政府涉农公共服务信息化建设的统筹规划和资源整合，带动农村信息化接入环境改善，引领农村居民信息化生产生活方式，创造农村信息化服务的商业机会，从而推进城乡统筹发展。

建设高效运行的村级综合信息服务站。在农户直接接入农村信息服务平台比率很低的情况下，村级综合信息服务站将直接面向农民开展服务。一是建立一支专职的农村信息员队伍，实现村级综合信息服务站全日制运行。可以通过县级行政部门统一组织招聘，优先聘用大学、中专、高中毕业生。信息员的工资可以由两部分构成：财政性补贴和服务性收入。财政性补贴按照经济发展水平由省、县、村三级按不同比例分担，能够保障信息员的基本生活；服务性收入

是指信息员在完成规定的公共信息服务工作的前提下，为农村商业化信息服务付出的劳动的报酬，由开展该项工作的商业机构提供。二是完善村级综合信息服务站的各项制度，保障村民获得信息服务的权利。

加强农村信息通道建设。一是通过政策引导电信、广电运营商加强对农村地区的"三网"基础建设投资，实现村村通。二是提高互联网接入的带宽，实现互联网、电信网和有线电视网的融合接入。村级综合信息服务站宽带费用和硬件费用由村集体支付，国家财政根据经济条件给予一定的补贴。三是通过有线小区局域网或无线局域网为农户提供免费或低价宽带接入，提高公共带宽利用率。

开发、推广低成本农户接入终端。一是通过科技计划支持企业面向广大农村用户开发低成本电脑、3G 手机、电视机顶盒等农村信息服务终端。二是通过"家电下乡"等方式对农户购买低成本接入终端进行财政补贴。三是组织农村信息员对农户上网开展培训和技术支持。四是对农村接入终端的生产和销售实行财税优惠政策。

探索建立高效的可持续发展的运行机制。一是在农村信息化公共服务平台的管理层次，建立由政府、企业、农民代表、独立专家组成的理事会，对于农村信息化公共服务平台的建设、运行作出战略决策、利益协调和监督运营，保障该平台公益性服务和经营性服务的协调统一。二是在平台和专业化服务运营层次，建立有关企业和组织参与的战略联盟，可以采取企业连锁加盟、协会等形式，按照市场机制协调相互运营。

（四）统一标准，实现全国一盘棋

根据全国农村信息化示范省建设的总体思路和主要任务，从实现全国统筹的目的出发，在充分考虑指标体系的建立原则的基础上，通过科学的遴选方法，结合各地实际情况，示范省建设从组织体系建设、信息通道建设、省级综合信息服务平台建设、基层信息服务站建设、重大工程、机制建设和保障体系建设等七个方面制定了建设标准，如表 3-1 所示。

表 3-1　国家农村信息化示范省建设指标框架指南

建设内容	建设子内容	建设标准
一、组织体系建设	领导组织体系	1.由省委书记（或省长）担任示范省建设领导小组组长，省科技厅、省委远教办、经信委、农牧厅、文化厅、广电局、通信管理局、通信运营商等相关部门和企业负责人为成员，下设领导小组办公室，主要负责示范省建设过程中重大问题的决策和协调，制定省级农村信息化建设监督考核管理办法
	工作组织体系	2.省科技厅牵头，联合省委远教办、经信委、农牧厅、文化厅、广电局、通信管理局、通信运营商等相关部门和企业成立工作小组，建立日常工作制度，开展具体工作。达到"有办公环境、有工作制度"的基本要求，负责示范省工作的具体实施
	专家组织体系	3.由 2 名国家农村信息化指导组成员及 1 名省内农村信息化专家组成专家组，负责项目技术指导、咨询与方案论证、示范省验收和评估

续表

建设内容	建设子内容	建设标准
二、信息通道建设	"三网融合"试点工程	4.开展农村地区"三网融合"试点工程,实现"电信网、广电网、互联网"三网融合和资源共享,提高信息通道利用率
	农村党员干部现代远程教育通道	5.充分利用党员干部现代远程教育通道和各方面资源,开展基层农村信息化工作
	互联网通道	6.充分发挥通信运营商积极性,建设覆盖省区以光纤通信网络为主的,辅以无线宽带等数字化大容量高速通信网,推进农村互联网通道建设,灵活采用各种宽带接入方式,形成覆盖面广、快速便捷的农村互联网通道
三、省级综合信息服务平台建设	平台硬件系统	7.建设中央控制与管理中心,保障全省信息服务、指挥、展示、调度等工作,保证综合信息服务平台的稳定运行
		8.建设呼叫中心,为用户提供实时互动、方便快捷的集电话、短信、网络视频为一体的服务
	平台软件系统	9.按照"平台上移、服务下延"的原则,打破政府各相关部门分别建设,上下层级复制的做法,聚合各类政府服务,建立全省统一的"1+N"综合信息服务平台,实现各部门涉农信息资源的集成和共享
		10.完善党员干部现代远程教育系统,能为基层农民和党组织提供针对性、时效性、系统性强的课件
		11.充分依托文化共享工程,建设农村民生综合信息服务系统,能为农民提供文化、教育、医疗卫生、社会保障、农民工就业等领域的信息服务
		12.建设农业专业信息服务系统,提供从生产、经营、物流到市场等全环节、全产业链信息服务

续表

建设内容	建设子内容	建设标准
三、省级综合信息服务平台建设	数据处理中心	13.通过多个部门的涉农信息资源整合，建设数据中心，实现全省涉农数据的交换、存储和共享信息服务，保障信息的实用性、真实性、可靠性
		14.拥有一支运营和维护服务团队，进行信息服务平台的运营、维护等工作
四、基层信息服务站建设	"一站多能"村级综合信息服务站	15.做到每个行政村有信息综合服务站，按照"一处固定场所、一套信息设备、一名信息员、一套管理制度、一个长效机制"的"五个一标准"建设，做到每个行政村有信息服务站，承接政府多个部门的公益性信息服务任务，因地制宜地开展其他信息服务活动
	"形式多样"村级专业信息服务站	16.支持农民专业合作社，供销合作社、专业技术协会以及电信运营商、涉农企业等社会力量，开展专业信息服务
五、重大工程	物联网工程	17.开展农业物联网应用示范
	文化共享工程	18.开展农村民生信息化示范工程建设（充分依托文化共享工程）
	智慧农业工程	19.开展农业生产经营信息化示范工程建设
六、机制建设	政府主导机制	20.政府通过"制定政策、组织人员、投入资金、配备设施、考核监督"等手段，采用公益性为主，引导社会力量开展农村信息服务的机制
	市场驱动机制	21.电信运营商连同一批涉农信息服务企业，以农民、农业产业化龙头企业、供销社、农民专业合作社为对象，开展有偿信息服务和农村电子商务的机制

续表

建设内容	建设子内容	建设标准
六、机制建设	增值服务机制	22.高校、科研院所、涉农各政府部门所属的事业单位等涉农公益机构自身技术优势和专业优势，提供公益性农村农业信息服务，政府应根据实际情况，培育农村科技特派员和农民的信息服务创业，同时探索商业化信息有偿增值服务、农村电子商务的长效机制
七、保障体系建设	管理保障	23.有一套完善的示范省建设方案，由领导小组办公室负责制定示范省建设工作流程和规范
	人才保障	24.加强专家信息员咨询队伍和信息科技特派员队伍建设，有涵盖全省主要农业领域的专家咨询队伍、贴近农民的信息科技特派员队伍，并形成相应的考核激励办法
	资金保障	25.政府各部门（如水利、农业、林业、卫生、文化、气象等）在农村农业所辖领域的信息化建设方面有资金投入，四大运营商在信息通道建设方面有资金投入，积极面向 IT 企业和龙头企业融资

二、国家农村信息化示范省建设试点工作实践案例

试点工作主要围绕农业生产、经营和农村社会管理展开，通过切实加强科技等专业服务网络资源和远程教育网络资源的有效链接与集成，实现综合性的省级信息服务平台与乡村远程教育终端站点的有机结合，积极发挥市场机制的调控作用，鼓励依托科技型企业和合作经

济组织等平台发展社会化、专业化信息服务站点，逐步形成以党员干部现代远程教育网为基础的网络格局，促进农民信息消费，发展可持续的农村信息综合服务体系。

（一）示范省建设试点工作的组织管理

示范省建设试点工作受到各省省委、省政府高度重视。山东省从实际出发，坚持"平台上移、服务下延、资源整合、一网打天下"的建设原则和思路，依托省党员远教网络，深入融合农业产业特色，积极探索公益服务与市场运营相结合的"1+N"服务模式，促进信息化与产业化融合发展；广东省国家农村信息化示范省建设，重点推进农村专业信息化服务"政府推动、市场运作"的运行机制建设。一方面强化政府对农村专业信息化市场需求的拉动，另一方面扶持建立市场化运作的示范省农村综合信息服务平台运营企业，推动农村信息化的可持续发展；湖南省根据国家农村农业示范省的总体部署和要求，按照"一体两翼、三网融合、资源整合、服务下延、产业融合"的思路，加强组织协调，科学制定方案，充分整合资源，全力协同推进，取得了阶段性成效，探索了一条具有湖南特色的农村农业信息化发展模式；重庆市国家农村信息化示范省建设主要持续实施农村信息化科技支撑重大专项。2015 年着重落实专项的各项成果，开展了农村信息化长效机制的研究和总体实施成果与产业结合，围绕"社会参与、长效运行、资源整合、共建共享"的建设原则，完成了农村信息化综合服务平台的开发部署。

（二）省级综合平台建设与运营

各省一手抓省级中心平台的建设与完善，实现"平台上移"；一手抓站点建设与示范应用，实现"服务下延"，遵循"资源整合、共建共享"的基本原则，积极组织政府相关部门、省内外科研机构和专业公司的技术开发、运营管理和应用推广等各领域的人员参与平台建设与运营。江西省依托农村信息化公共服务平台，基本完成了省级农村综合信息服务平台建设，农村信息化公共服务平台构建了一个云数据中心硬件平台，已具备 500 核 CPU 实现 50 万亿次以上浮点运算能力和 500TB 的存储能力，以及一个 600 平方米的中央控制与管理中心。河南省进一步完善国家农村综合信息服务平台。目前包括信息演播、远程视频诊断、惠农呼叫、远程教育录播、数据资源分析决策、农业信息化展览等在内的"一台六心"已建设完成，平台门户网站——中原农村信息港（www.zy12396.com）进入试运行阶段，分别在滑县、辉县初步开展了综合信息服务的示范应用，探索了与地方政府职能部门对接的应用推广模式。贵州省在"云上贵州"系统平台上，建成省级农村综合信息服务平台，汇聚 8 个涉农部门的数据资源，包括科特派之家、基层党建、农村远程教育、农经网、农业园区、万村千乡网页、乡村旅游等，统筹 16 个应用系统，达成一站式门户网站访问。浙江省充分发挥政府主导推动的作用，做好农村信息化试点的一体化设计、一揽子规划和系统性推进。先后召集数次领导小组办公室会议，经充分讨论，完成了明确清晰的浙江省农村信息化试点总体架构的设计，确定将建设内容分 8 个方面，核心是"1+N"综合信息服务平台和体系建设，即 1 个省级综合信息服务平台、三大类（农业、农村与农产品）10 个专业服务系统，以及基层信息服务站点。青海省农牧业全程智能服务平台部署了"基于地理信息的农业生产主动服务系统"、"基于物联网技术的特色农牧产品质量追溯服务系统"、"特优农产品电子商务服务系统"等一系列从青海绿色生态农牧业生产管理、质量监管到市场交易的全过程、全方位信息服务。

（三）信息服务高速通道建设

信息服务高速通道建设是开展农村农业信息化示范省建设的基础，是省级综合信息服务平台和基层信息服务站的桥梁和纽带。各示范省按照"强本固基"的原则，依托农村党员干部现代远程教育通道，充分发挥三大运营商和广电部门的积极性，围绕广电网、电信网和互联网三种基础网络体系，推动信息服务通道基础设施建设，包括普及宽带网络，铺设光缆 / 光纤，建设 2G、3G、4G 基站，努力建成一条低成本的"三网融合"的信息服务快速通道。

（四）基层信息服务站点建设

基层信息服务站向上实现与省级综合信息平台直接连接，向下实现与广大农民的有效对接，是连接综合信息服务平台和企业、农民的重要纽带。山东省强化科技特派员等基层信息员培训。建设了 1000 余人的信息科技特派员队伍，纳入科技特派员统一管理；发展基层信息员 4000 余人，累计培训信息员超过 3 万人次。湖南省农村农业信息化基层服务站以"农村党员干部现代远程教育"基层服务站、"星火科技 12396"信息服务站、科技特派员工作站、双百工程示范站、农村特色产业科技示范基地等已有站点为基础进行资源整合，建立了市州服务中心 14 个，县市 12396 工作站 88 个，乡（村）级站点 809 个，企业服务示范站 322 个，覆盖了全省全部县市区。浙江省依托基层农业公共服务中心，开展农村专业信息服务站建设，通过设置触摸屏建立为农服务系统，目前已集成农业技术推广、动植物疫病防控、农产品质量监管、惠农政策宣传、农业科技"110"咨询、农业电子商务等服务，在 416 个基层农业公共服务中心进行初步应用。贵州现有农村党员干部远教站点 26000 多个，覆盖 100% 的乡镇和行政村，升级完成 3000 个站点的更新换代和完善功能，覆盖全省主要的特色产业核心区，建成村级农民多功能信息服务站 102 个。

（五）长效机制建立

各示范省按照"政府主导，社会参与，市场运作，多方共赢"的原则，注重发挥政府的引导作用，吸引和鼓励社会力量参与到示范省建设工作，同时在开展公益服务的基础上，鼓励企业通过产品和服务创新，开展市场运营。山东省积极探索建立"公益性机制、市场机制、政府监管机制"三位一体的多种服务和运行机制，对公益性、基础性、战略性重大建设项目进行了引导和支持，同时，放宽市场准入，吸收了大量社会资金进入农村农业信息化建设领域。湖南省建立了由公益性政府推动机制、"民办非企业组织"的社会化运营机制、农业农村信息化服务的市场机制组成的长效机制。安徽省运用行政推进、商业运行和考核监督三大机制，推进农村信息化示范工作的长效运营。

（六）农村电子商务平台建设

江西省"赣农宝"电子商务平台。依托"万村千乡市场"等工程，江西省第一批国家级电子商务进农村综合示范工作顺利推进，建立并开通了"赣农宝"等农产品网上交易平台，推动了示范地区的电子商务快速发展。据初步统计，2015 年 1—10 月 7 个示范地区电子商务交易额达 104.78 亿元，同比增长 105%，网销额实现翻番；7 个示范地区对各类人员开展了多形式、多层次的电子商务培训 319 期，培训人员达 3.41 万余人（次），帮助企业和个人开设网店近 2 万个；目前7 个示范地区已建成电子商务创业孵化园（中心）7 个、县级电子商务运营服务中心 21 个、镇村级服务站 633 个，县域电子商务服务网络体系基本形成。目前，江西与阿里巴巴合作，已建设 7 个县级运营中心和 285 个村淘服务站，江西邮政已建设 7 个县级运营中心和 127个农村 E 邮站。农村电子商务已成为江西省农村经济发展的新动力、新引擎。

山东省"农商 1 号"农资电商平台。山东省金正大集团与中国农业产业发展基金、现代种业发展基金有限公司、东方资产管理有限公司等共同打造了"农商 1 号"农资电商平台，整合国内最好的农技专家资源，借助互联网与农民开展面对面、点对点互动，开展"全、专、好、省、乐"特色服务。自 2015 年 7 月上线运营以来，已建立了 105 个运营中心，仅在山东就建立了 20 家"农商 1 号"体验店，超过 30 万名会员享受到农资电商带来的改变。

青海省"特色馆"农产品电商平台。青海省搭建了"青海特色农畜产品质量安全溯源与电子商务平台"，把安全溯源和电子商务紧密结合在一起，实现了电商产品可溯源，溯源产品可电商；建成了京东商城青海馆、1 号店西宁馆、1 号店海东馆、1 号店海南州馆、1 号店柴达木馆、淘宝特色中国青海馆，已入驻电子商务平台企业近 60 家，98 个品牌，1800 款产品，实现农产品电子商务交易 2000 万元。

湖北省"乡镇农副产品网上市场"。湖北省以农村商务服务信息化增强农业经济驱动力，针对湖北省偏远山区农产品"卖难"和农资"买难"问题，重点面向十堰地区开展了"乡镇农副产品网上市场（淘宝店）"建设和"湖北好产品"评选推介活动，不断整合农村电子商务资源，创建了 118 家以销售当地特色农副产品为主的网店，上线农副产品 3300 多个，有效拓展了山区优质农产品和农资的购销渠道，带动了当地农业产业发展，探索了一条山区精准扶贫工作的有效路径。十堰市郧县涧池乡下营村地处深山，339 户村民开了 32 家淘宝店，2015 年网上产品交易额近 5000 万元，成为全省农村电商发展的典范。

广东省"村村通商城"、"专业镇平台"。建设了农产品电子商务平台"村村通商城"，在省内的中山、珠海、东莞、佛山、河源、梅州等地分别与当地政府部门联动推荐 20 家优势企业在"村村通商城"开展安全农产品电子商务示范应用，带动了全省 21 个地市的企业开展电子商务业务，上线商家店铺 1000 多家，品类范围涉及酒水饮料、新鲜水果等九大品类 6000 多个品种。同时，依托省级农业专业镇电子商务与信息服务核心平台，为广东省农业专业镇构建具有行业特色的电子商务子平台，设立了"广东河源"、"广东增城"、"广东梅州"、"广东中山"、"广东连平"、"广东茂名根子镇"、"广东英德"、"广东韶关丹霞"等一批农业专业镇电子商务子平台及区域商城，并面向农业专业镇提供农业电子商务技术支撑、信息服务、系统培训等专业服务，促进农业专业镇农产品的流通，拓宽了 6657 个农产品销售，提高农业企业经济收益。

重庆市"脐橙产地直销"电子商务平台。重庆市实施奉节"脐橙产地直销"电子商务示范工程，与奉节县脐橙产业协会（简称"脐橙协会"）合作，在奉节县脐橙交易市场建设奉节脐橙产地直销电子商务示范基地，以为脐橙协会提供基于地理标志农产品的垂直电商服务，包括基于普通消费者的 B2C 服务和基于大宗消费者的 B2B 服务。通过"协会 + 企业 + 经销商 + 平台"的复合模式，来实现对属地特色农产品的产地直销，为消费者提供真实属地、真实品牌、质量安全的特色农产品电子商务服务。

贵州省"农特产品专营"电子商务平台。建立农产品电子商务试点县 32 个，全部开设农特产品网上专营店，6 个县开通了线下实体店铺；建成"中国农高网"、"淘黔宝"等农特产品专营电子商务平台，主营地标、无公害绿色有机等特色农产品；开展电子商务培训 1302 人次，发展 6000 余家涉农电子商务企业，5000 余种特色农林产品上网销售，累计实现交易额13.1亿元，实现"网货下乡"，助力"黔货出山"。同时还开展了"四在农家·美丽乡村"的信息服务。

云南省"高原特色农产品"电子商务平台。建立了面向国内的高原特色农产品电子商务系统，包括华曦垚然鲜品网（www.eyaoran.com）电子商务平台及网上商城1个。项目在昆明高新区海屯路建立云南高原特色农产品展示中心1个（垚然鲜品网实体旗舰店），在昆明城区开设实体专卖店20家，省内开设批发中心20家，在省内外共建立销售网点3000多个，完成征集遴选30家云南名优农产品企业入驻商城，首批50余种云南高原特色农产品线上线下闪亮登场，店内远程同展风采，为平台运营提供充足产品供应。垚然鲜品平台2014年5月投入运营以来，日访问人数达600人以上，线上线下日成交额5万元以上，累计销售额达1100万元。此外，还以东南亚进口特色农产品为切入点，建立了面向东南亚、南亚跨境农产品电子商务系统，并于2015年11月19日开展平台试运营。

（七）农产品质量安全追溯平台建设

青海省实施农产品质量安全追溯示范工程。青海省推动农产品质量安全追溯管理规范，促进全程质量安全追溯管理体系构建，实现生产、加工、流通、消费的全程可追溯，重点针对特色优势农产品生产，在省级现代农业园区，集成应用物联网实时感知与监测、农用航空（无人机）近地遥感信息监测、智能管理决策、综合信息服务等技术，在县（市、区）开展示范。

江西省建设农产品质量安全追溯平台。江西省完成规模化养殖管理和监控管理、特色种植智能生产管理系统的研发；农产品加工及物流系统、农产品全链条质量追溯系统正在研发过程中。规模化养殖管理和监控管理系统在功能上实现了畜禽养殖、用药和疫苗等信息的管理，对养殖环境进行监视、监听、环境监测和控制。通过采用 RFID 传感器、网络视频等设备实现了生产要素的信息采集和远程环境的监控。特色种植智能生产管理系统集成了农业信息采集与监测、作物长势监控与专家会商、病虫草害远程诊断、精准施肥施药等关键技术，实现了作物生长环境信息采集与监测、作物长势远程监测、远程视频专家会商、病虫草害远程视频诊断、精准施肥施药、特色种植的智能生产管理。

山东省以质量追溯提高农产品附加值。山东省选择基础好、带动作用较强的蔬菜、果树、林木、粮食作物、经济作物、畜牧、家禽、水产、农资配送、农产品物流等十大优势产业，开发建设了 20 余个产业信息服务系统，在全省 30 多个市（县）建设了 2000 多个示范站点，上联优势科研单位作为信息、技术和成果来源，下联农业科技园区、农业龙头企业、农民专业合作组织、种养大户等农业产业实体作为服务对象，有效整合各产业链条的各类资源，实现覆盖产前、产中、产后的生产、加工、物流、销售等各个环节的专业化信息服务。依托鲁商集团等建立了生猪、水产等鲜活农产品物流服务系统，实现了产品质量安全追溯，显著提高了农产品附加值。

广东省开展农产品质量安全溯源示范。广东省推进了农产品质量安全溯源公共服务平台示范，集成应用计算机技术，二维码技术，3G、4G 技术与安全农产品生产规范标准，建成并运营了农产品质量安全溯源公共服务平台，有效地建立从农田到餐桌整个过程的监控体系。"村村通商城"的商家和几十家农民专业合作社应用了农产品质量安全溯源公共服务平台，确保了食品质量的安全，维护消费者权益。

贵州省"食品安全云"建设。推进"食品安全云"工程建设，搭建食品安全云信息平台，成为国内首家食品安全云服务商，与京东、拍拍网等合作，为在线销售食品提供质检和认证服务；舆情分析系统对 3260 个网络媒体食品安全信息进行数据实时采集与分析，实时探明食品热点问题，对食品安全风险进行预警；率先启动建设覆盖全省 88 个县的农产品数字化检测实验室，实现农产品检测数据的信息化采集管理。平台汇聚 16119 家食品生产企业、1765 万条数据，开展信息查询 30159 件，提供安全监管、风险预警、饮食合理健康等信息服务。

（八）农业物联网平台应用实践案例

浙江省实施农业物联网示范工程。重点针对特色优势农产品生产，在省级现代农业园区，集成应用物联网，实时感知与监测、农用航空（无人机）近地遥感信息监测、智能管理决策、综合信息服务等技术，在县（市、区）建立示范工程。利用全省统一的农业地理信息系统，结合地方农业产业特点，开展"县（市、区）—乡镇—村"多层次的农业地理信息系统应用示范，在县（市、区）建立示范工程。

安徽省推进农业物联网示范工程。围绕安徽省农业特色产业，建成了怀远龙亢精准农业物联网、蒙城与宿州智慧农业物联网、芜湖大浦设施农业物联网三大典型物联网应用示范基地，为省级大平台提供了数据资源。由于安徽的物联网示范工程基础较好，农业部把安徽省列为全国物联网区域试验试点省；中国联通把安徽联通分公司与地方政府合作开展农业物联网应用示范，作为典范在全系统推广。

湖北省开展物联网惠农服务。湖北省推进信息惠农服务，以农业科技服务信息化增强创新驱动力，利用农业产业 GIS 平台、物联网平台、远程诊断系统等，依托近 1000 名农业专家和农技信息服务站点，面向周边各类农业经营主体，开展多种形式的农业科技信息服务；在 52 家农业信息化示范企业和基地，开展农业物联网技术和智能装备的示范应用，促进了企业生产降耗、增效，探索形成了具有湖北特色的智慧农业解决方案。

湖南省建立农业物联网示范基地。湖南省组织实施了国家科技支撑计划"农村物联网综合信息服务工程"，促进了茶叶、水产、大田作物等农业物联网技术的攻关和应用推广，建立了物联网示范基地 94 个。通过省科技重大专项引导和支持唐人神集团建立了"智慧猪场"信息平台，突破了猪场智能化管理、生猪产品追溯等一系列关键技术，提升了生猪产业的信息化水平。通过国家星火计划支持湖南农业大学，建立了柑橘产业信息服务平台——湘橘网，实现柑橘生产、销售、转运、加工等全产业链的信息化管理。在加快信息化技术攻关的基础上，湖南省以望城农业科技园、岳阳农业科技园等 8 个国家农业科技园为重点，积极打造智慧园区，推进物联网、移动互联、电子货柜等现代信息技术和农业智能装备在农业生产经营领域应用，实现产业链、创新链、信息链的高效融合，引导家庭农场、专业大户、合作组织、农业龙头企业等农业新型经营主体在设施农业、种养加工、农产品产销衔接等方面，探索信息技术应用模式及推进路径，加快推动农业产业升级。

广东省水产养殖无线测控网络系统平台。与中国农业大学共同开发的水产养殖无线测控网络系统平台，解决了水质传感器的实际应用瓶颈难题，实现了水产养殖多参数水质信息和视频信息的全面感知、无线传感网络远程可靠传输以及水产养殖疫病远程诊断的集成，加强了水质环境的监控能力和鱼病防控能力，对确保水质安全和健康养殖，使集约、高效、生态、安全养殖成为可能。平台在湛江市、清远市等建立了 10 个水产养殖无线测控网络技术水质监控示范基地，9 个水产养殖疫病防控网络技术示范基地，面向广东省水产养殖业示范应用农业物联网水产智能养殖技术，在广东省粤西、粤东、珠三角水产养殖区 24 个示范远程诊断诊所进行辐射推广，合计应用水产养殖面积 17605 亩，培训技术骨干 120 人。

（九）"互联网 +"乡村旅游探索实践案例

重庆市实施乡村旅游服务示范工程。在永川黄瓜山建设乡村旅游服务示范基地，为黄瓜山管委会提供黄瓜山旅游景区、景点和项目提供旅游活动管理、旅游服务管理和旅游产品管理等功能，实现游客在线赏景、在线订票、在线购物、在线预订酒店、农家乐等服务。通过融合旅游地产、休闲农业、主题庄园、生态环境和农耕文化实现对乡村旅游服务的信息化管理，探索乡村旅游的创新业务模式；通过微信、微博、手机 APP 等多种模式为游客提供"吃、住、行、游、购、乐"的便捷服务；通过"差异化发展、品牌化建设、互动化主题、专业化服务"来实现乡村旅游的整体规划、规范管理、协调发展和高效组织。

贵州省乡村旅游电子商务服务平台。贵州省建成贵州乡村旅游电子商务服务平台，开发网站、APP、微信"三位一体"服务系统，为游客提供乡村住、行、购、娱等方面的电子商务服务，目前已上线景点 367 个，农家乐食宿点 2300 余个。与腾讯公司开展合作，启动实施贵州"互联网＋"乡村智慧平台建设，搭建"乡村旅游"标准服务体系，助推乡村转型。

第三节　市场推动产业繁荣

经过多年发展，农村第四产业的体量不断扩大、活力不断增强、市场规模不断增长，推动不少企业进行战略布局，带动大量资本涌入，促使农村第四产业发展更加活跃。一批批"村红"正在涌现，一个个农村电商品牌脱颖而出。农村已经成为各大电商平台争夺的又一片蓝海。国务院颁布的《"十三五"脱贫攻坚规划》明确将农村电子商务作为精准扶贫的重要载体，提出改善农村电子商务发展环境。而相较于简单的"买卖经"，农村电商对生活习惯的变革也在农村逐渐显现。

一、资本投资农村第四产业活跃

近年来，围绕农村第四产业的投资不断扩大，特别是在中央对社会资本投向农村政策的鼓励和引导下，社会各类资本逐渐开始向农村倾斜，农村第四产业的产业形态和产业模式呈现多元化发展态势。

作为农村第四产业重要的中坚力量，农村电商的发展尤为迅速，投资总量不断扩大。电商已经成为激活农村创业创新的重要引擎。阿里研究院发布的《中国淘宝村研究报告 (2016)》显示，中国淘宝村已创造了超过 84 万个就业岗位，成为中国农村经济转型的重要新引擎。中国国际电子商务中心研究院发布的《中国农村电子商务发展报告 (2015—2016)》显示，庞大的人口基数将带来巨大的农村电商市场规模，农村网购规模还有很大的提升空间。2016 年上半年，我国农村网购市场规模达 3120 亿元，预计全年将达 6475 亿元。

以资金来源区分，农村第四产业领域投资主要分为"三农"服务商、电商平台、P2P平台和传统金融机构。

以村村乐、大北农、新希望为代表的"三农"服务商。"三农"服务商在农业产业领域深耕多年，积累了丰富的用户数据与客户资源，凭借客户信用数据的累积优势，插上互联网的翅膀，迅速地进入农村金融服务商行列，提供独特的农村互联网金融解决方案。大北农集团提供的农村互联网金融产品中，农银贷为银行放贷提供信用数据，农富贷直接为生产者与经销商提供小额贷款，扶持金提供赊销服务，农富宝提供理财服务；基于自有的大数据资源提供农村金融解决方案，不仅服务了客户，而且还延伸产业链服务。

以阿里、京东、一亩田、云农场为代表的电商平台。大型电商平台积累了消费者的购买数据，收集了销售者和供应商的信用数据，数据已成为电商平台进入金融行业最大的优势。以阿里巴巴集团为例，蚂蚁金服将淘宝和天猫平台上的各类交易数据转化为客户的信用数据，并为每一个注册用户计算出"芝麻信用分"，再将"芝麻信用分"与信贷额度相挂钩，从而发展成高效的电商平台互联网金融模式。这种模式在农村互联网金融同样适用。

以宜信、开鑫贷、翼龙贷等为代表的P2P平台。P2P网贷平台通过互联网将资金需求端与资金供给端实现有效对接，是实现普惠金融的一个有效手段，其更加关注低端客户，而中国最庞大的低端客户群无疑是来自广大的农村地区，因此这也是大量的P2P平台以农村居民为主要服务群体的重要原因。

以信用社、农行、邮储等为代表的传统银行，面对阿里、村村乐、宜信等互联网平台对农村传统金融服务商的冲击，纷纷加大对农村互联网金融的投入，响应国家政策号召，全力推进农村普惠金融。例如中国农业银行推出的助农取款服务采用类似 O2O 的业务模式，坚持"平等自愿、风险可控"的原则，采取村委会推荐、乡镇政府优选、银行实地考察确认等方式，选择信誉良好、经营规范、具备固定场所的农家小超市、农资店、村委会等作为助农取款服务点，利用电话线和相对简单的机具，布放"智付通"（转账电话），为农村居民提供小额取现服务。

二、农村第四产业商业模式多元

目前主要的商业模式有以下几种。

——交易平台：买卖双方都是多方参与的，实际上是电子化市场交易，收取的是交易费用。如淘宝网，目前业务跨越 C2C（消费者间）、B2C（商家对个人）两大部分。

交易提成。交易提成不论什么时候都是 C2C 网站的主要利润来源。因为 C2C 平台只是一个交易平台，它为交易双方提供机会，就相当于现实中的交易所、大卖场，从交易中收取提成是其市场的本性。

广告收入。淘宝网站在网络中的地位就像大型超市在生活中的地位，它是网民经常光顾的地方，拥有超强的人气，频繁的点击率和数量庞大的会员。其中蕴藏的商机是所有企业都不想错过的。由此为网站带来的广告收入也应该是网站利润的一大来源。

"首页黄金铺位"推荐费。除了目的性较强的上网者外，有70%的上网者只是观看一个网站的首页。所以网站首页的广告铺位和展位都具有很深的商业价值。对于网站的"首页黄金铺位"，网站可以定价销售也可以进行拍卖，购买者或者中标者可以在规定的时间内在铺位上展示自己的商品。

网站提供增值服务。淘宝网站不只是为交易双方提供一个平台，更多的是为双方提供交易服务。尽量满足客户的各种需求，来达成双方的交易。

——信息服务：企业通过互联网向消费者或生产者提供信息服务，企业把信息作为商品销售。信息可以是简单收集的信息，也可以是经过深度智力劳动的知识产品，如电子书、研究报告、网络培训。

比如中农网，是深圳市中农网电子商务有限公司旗下农产品流通行业 B2B 综合服务平台，依托其母公司深圳市农产品股份有限公司庞大的农产品批发市场网络，开创了"实体市场＋网上商店"的电子商务模式，提供供求信息发布、在线交易、农产品追溯、网上招标、拍卖等农产品流通专业信息服务，并为农产品批发市场行业提供完整的信息化解决方案。目前业务已经覆盖全国 21 个省，终端用户数 20 余万个，网上平台累计完成交易额逾 20 亿元。中农网是典型的"鼠标＋水泥"的代表。

——信息技术服务：农业信息技术，是指利用信息技术对农业生产、经营管理、战略决策过程中的自然、经济和社会信息进行采集、存储、传递、处理和分析，为农业研究者、生产者、经营者和管理者提供资料查询、技术咨询、辅助决策和自动调控等多项服务的技术的总称。它是利用现代高新技术改造传统农业的重要途径。

农业信息技术的应用，特别是遥感技术（RS）、地理信息系统（GIS）、全球定位系统（GPS）的应用，因具有宏观、实时、低成本、快速、高精度的信息获取，高效数据管理及空间分析的能力，从而成为重要的现代农业资源管理手段，广泛应用于土地、土壤、气候、水、农作物品种、动植物类群、海洋渔业等资源的清查与管理，以及全球植被动态、土地利用动态监测、土壤侵蚀监测。我国已研制出红壤资源信息系统，土地利用现状调查和数据处理系统，北方草地产量动态监测系统，中国农作物种质资源数据库及国家农业资源数据库等。

三、农村第四产业发展环境改善

中国农村电商基础条件改善。近些年来，党和政府对农村发展给予了极大的重视，倾注了极多的心血，农村建设方面取得了长足进展，农村的道路、通信、网络、环境建设、大学生村干部以及农资系统、邮政系统、商业系统都取得了很好的成绩。农村基础设施的改善，是带来农村电商消费增长的一个很重要的前提。互联网在农村的普及率逐年提高，农村网民规模近年来在中国互联网用户中持续扩大，互联网普及率稳步上升。从数据上看，农村的网民已经初具规模，CNNIC 报告显示，截至 2016 年 6 月，我国网民中农村网民占比 26.9%，规模为 1.91 亿人；农村互联网普及率保持稳定，截至 2016 年 6 月为 31.7%。细分各种互联网应用，网上支付及网上银行有快速增长。

随着近年来农村网购和农村电子商务的兴起，越来越多的物流企业向农村市场布局物流网络。马云宣布阿里在 3—5 年内投资 100 亿元启动千县万村计划，建立 1000 个县级运营中心和 10 万个村级服务站，覆盖全国 1/3 县及 1/6 农场。阿里的村级服务站将是农村电商代购、农村物流的重要基础。京东在 2015 年 4 月对外宣布，京东将招募和签约的乡村推广员突破万名，逐年建设县级服务中心。2014 年年底布局的京东帮，半年时间已经具有庞大的规模。日日顺打造虚实结合的 O2O 送装一体的物流 + 服务网络，覆盖全国 2800 多个县 8176 家门店；乡镇覆盖店 1.7 万个。顺丰从 2014 年开始推动城市快递员回乡创业计划，通过农村快递员的回乡创业，带动顺丰农村网络的布局。中国邮政的农村物流网络平台涵盖全国超过 50 万农村网点。

中国农村电商市场环境改善。电商服务在农村已形成需求，未来仍存在进一步爆发的空间。中投顾问在《2016—2020 年中国农村电商市场深度调研及投资前景预测报告》中提出中国农村电商未来市场增长空间将体现在以下三大方面。

第一，电商服务在农村已形成需求。约半数用户会在一周内多次访问电商网站；约三成用户每月至少会网购一次；超六成用户会在有明确购物需求时选择网购。

第二，城市和农村两类人群在电商服务的使用行为上存在不少相似之处。对于这两个群体来说，他们最常使用的电商都是淘宝和天猫；最喜欢买的品类都是电子产品、家电、服饰等；在网购过程中最在意的依次均为价格、品质、售后、物流等。

第三，农村电商服务还有优化空间，将随着物流、金融等服务的普及进一步爆发。农村用户对物流环节的不满意程度远高于城市用户：17.6% 的用户抱怨快递无法送到家门口，47% 的用户没法方便地发快递。目前这是农村电商服务的最大症结所在。由阿里、京东等大电商主导的金融服务在农村的普及率还很低，而信贷服务是农村用户在电商上购物，甚至开店的一个重要支撑性服务。会在电商上购买农用商品的用户目前仅有 10%，尚有很大提升空间。在未来，面向城市的农产品和生鲜返销或将是个趋势。电商的农村推广也还有很大空间，这将促进电商在农村的进一步普及。

中国农场电商人才环境改善。"十三五"全国新型职业农民培育发展规划要求，加快构建新型职业农民队伍，强化人才对现代农业发展和新农村建设的支撑作用。新型职业农民是以农业为职业、具有相应的专业技能、收入主要来自农业生产经营并达到相当水平的现代农业从业者。2012 年以来，按照党中央国务院的部署要求，农业部、财政部等部门启动实施新型职业农民培育工程，各地加大组织实施力度，创新机制、建立制度、健全体系，新型职业农民培育工作取得明显进展。到 2020 年，新型职业农民队伍将不断壮大，总量将超过 2000 万人，务农农民职业化程度明显提高；新型职业农民队伍总体文化素质、技能水平和经营能力显著改善；农业职业培训普遍开展，线上线下培训融合发展，基本实现新型农业经营主体带头人轮训一遍。

新型职业农民正在成为现代农业建设的主导力量。随着现代农业加快发展和农民教育培训工作有效开展，一大批新型职业农民快速成长，一批高素质的青年农民正在成为专业大户、家庭农场主、农民合作社领办人和农业企业骨干，一批农民工、中高等院校毕业生、退役士兵、科技人员等返乡下乡人员加入到新型职业农民队伍，工商资本进入农业领域，"互联网＋现代农业"等新业态催生一批新农民，新型职业农民正逐步成为适度规模经营的主体，为现代农业发展注入新鲜血液。截至 2015 年年底，全国新型职业农民达到 1272 万人，比 2010 年增长 55%，农民职业化进程不断提速。

第四章
农村第四产业展望

　　虽然第四产业已经成为农村新的发展动能之一，发展势头迅猛，但是，从将来广阔的发展前景来看，这只是刚刚开始。准确把握信息技术创新发展方向，深入分析农村第四产业的发展趋势，认真研究推动农村第四产业发展的对策，有助于推动我国"三农"问题的解决。

第一节　农村第四产业发展趋势

一、在农村经济中的比重大幅度提升

在国家强农惠农政策的不断推动下，我国农村经济结构进一步调整优化，农业发展方式进一步转变，农村产业体系更加合理。近年来，农村新产业新业态发展已取得明显成效。通过"互联网＋农业"的政策推动与落地应用，特别是国家加大农村互联网基础设施建设和普及力度后，基于互联网平台化的服务业，以及为其提供通信服务和技术服务的行业的农村第四产业，在农村经济中的比重大幅度提升。

科技兴农、科技富农的思想正日益深入农民心中，农民的科技文化素质在不断提高，农村网络基础的改善，互联网技术的提高和费用的降低等有利条件都为农村第四产业提供了巨大的发挥空间和发展前景。其中，农村电商的发展，更是快马加鞭。国内领先的电商平台阿里巴巴、京东等都适时推出了农村电商策略。农业部统计，

2016 年，农产品网络零售交易总额达到了 2200 亿元，比上年增长 46%。电商平台需要供应方、平台方、需求方、监管方等多方共同参与，可以带动从种植、生产、加工、销售、仓储、物流、售后、投资、管理等全过程、全产业链的发展。农村电商的快速发展及农民收入稳定提高，又反馈了农村消费市场的发展，2016 年，农村社会消费品零售额达到 46500 多亿元，比上年增长 10.9%。随着农村市场效应的释放，市场规模的扩大及市场红利的增加，第四产业的发展将直接或间接地促进农村经济的增长、就业人数的增多、投资融资的涌入。

二、不断向农村传统行业渗透

第四产业是基于互联网的新型产业形态。互联网作为一种革命性的工具，正在深刻地改变着人类的生产和生活。互联网不仅推动了一批新企业的崛起，也对传统的农业产生了深刻影响。互联网推动了农业农村在传统的生产、经营、管理、服务、金融等领域的快速发展，农村第四产业的未来市场空间无限。

互联网推动了农业农村生产领域的发展。物联网、大数据、云计算、空间遥感信息、移动互联网等信息技术，在农业生产中的在线监测、精准作业、数字化管理等方面，都得到不同程度应用。比如，在大田种植上，高分量育种、遥感监测、病虫害诊断、农机精准作业等开始大面积应用。在设施农业上，温室环境自动监测与控制、水肥药智能管理、农产品溯源等加快推广应用。在畜禽养殖上，精准饲喂、发情监测、自动挤奶等，在规模养殖场得到广泛应用。在水产养殖上，水体监控、饵料自动投喂等快速集成应用。在信息资源上，农业搜索、信息个性化推荐、多媒介宣传等解决了传统信息不对称的问题。

互联网推动了农业农村经营领域的发展。2017年中央一号文件《关于深入推进农业供给侧结构性改革，加快培育农业农村发展新动能的若干意见》中，明确提出了支持涉农电子商务平台建设的政策。在国家的政策鼓励和支持下，农业农村电子商务竞相迸发，线上线下互动并蓬勃发展。网上销售农产品的交易量和交易额大幅增加，交易种类日益丰富，参与人群日渐普及。农业生产资料、休闲农业及民宿旅游电子商务平台等新模式不断涌现。农产品批发市场电子交易、数据交换、电子监控等逐步推广。以专业大户、家庭农场、农民合作社、农业产业化龙头企业为代表的新型农业经营主体经营信息化的广度和深度也在不断拓展。

互联网推动了农业农村管理领域的发展。国家重视农业数据中心的建设，各省也在建设省级农业数据分中心。这些信息系统已覆盖农业行业统计监测、监管评估、信息管理、预警防控、指挥调度、行政执法、行政办公等七类重要业务。在互联网技术的发展下，农村土地确权登记颁证、农村土地承包经营权流转和农村集体"三资"管理信息系统与数据库建设稳步推进。涉农部门行政审批事项基本实现网上办理，信息化对种子、农药、兽药等农资市场监管能力的支撑作用日益增强。农产品质量安全追溯体系、农业网格化精准化管理建设快速推进。农业各行业信息采集、分析、发布、服务制度机制不断完善，市场监测预警的及时性、准确性明显提高。农业大数据发展应用开始起步并潜力巨大。

互联网推动了农业农村服务领域的发展。农业信息服务的组织体系和工作体系不断完善，形成政府统筹、部门协作、社会参与的多元化、市场化格局。覆盖部、省、地、县四级的农业门户网站群基本建成，网站及时准确发布政策法规、行业动态、农业科教、市场价格、农资监管、质量安全等信息，为农民提供权威性的服务。公益服务、便民服务、电子商务和培训体验开始进到村、落到户。基于互联网、大数据等信息技术的社会化服务组织应运而生，服务的领域和范围不断拓展。积极利用现代信息技术，开展农业生产经营全程托管、农业植保、病虫害统防统治、农机作业、农业农村综合服务、农业气象"私人定制"等服务，推动分享经济发展。鼓励农民基于互联网开展创业创新，参与代理服务、物流配送等产业基础环节服务。推进农业数据开发利用、农产品线上营销等信息服务业发展，拓展农业信息服务领域。

互联网推动了农业农村金融领域的发展。随着农村网络基础条件的不断改善，互联网引导着金融触角延伸到农村。移动互联网使金融信息传播快速，充分透明，极大延伸了银行的服务触角，基于移动端的"三农"特色手机银行、"三农"特色移动理财产品不断涌现。农民获取公共服务已离不开网络，各种支农政策、惠农补贴，均可通过嫁接互联网的手段实现。要建立农村网络信贷评估工具和评估模型，实现响应迅速、精准的信用定价、信用评估、风险监测、风险预警和欺诈侦测体系，保障农村金融的安全与风险。银行在农村地区的电子渠道迎来新的发展机遇，不断加快布局便利化、智能化的惠农金融服务终端，推动新农保、新农合等传统惠农基础金融服务的线上化、综合化转型。

三、技术创新的作用越来越大

第四产业的发展因为互联网平台的应用而兴起，当发展到一定程度，将会受到传统产业属性的限制，如果没有新的技术突破，第四产业将会降速。例如，生鲜电商所需要的冷链物流，没有技术突破从而降低成本的情况下，很难发展。因此，农村第四产业商业模式创新，将逐步让位于技术创新，未来的技术突破，如物联网技术、卫星遥感技术等，将会促进第四产业的发展。

物联网农业，通过分布在农作物生长环境中，特别是气象、土壤、作物本身上的传感器，获取农作物生长环境中，土壤成分、水分、温度、空气湿度、光照度，以及作物本身养分等参数，并通过互联网技术传输到后台计算中心，然后进行综合分析，作出更适合农作物生长的管理决策；同时，分布于农作物种植环境范围内的监视器，能够监控决策的执行情况，并实时反馈相关信息。作用于设施农业中的物联网技术，还能够根据土壤墒情和作物生长情况，自动控制周边的控制设施。物联网技术的突破与创新，可以在动植物与农业生产管理者之间，架起一座信息交换的桥梁，让农业生产管理者及时获得动植物生长信息，避免以往农业生产观察滞后、决策滞后和控制滞后带来的损失，使农业真正做到科学生产，推动农业部门成为科学型生产部门。

农业卫星遥感技术，将卫星遥感技术与农学技术结合起来，利用获得的影像数据，进行农业资源调查、土地利用现状分析、农业病虫害监测、农作物估产等农业应用的综合技术。近年来，越来越多的卫星被发射到地球空间中，这些卫星上搭载的传感器，让我们得以越来越频繁、越来越清晰的观测到地球表面以及其附着物。以农作物估产为例，卫星、无人机或飞机上搭载的传感器，可以根据被拍摄物体的形状和纹理，来检测能量如何传播、吸收或反射的整个过程。从而得到以数字标记的各个像素的网格状图像。不同的反射特性，可以用来识别不同对象和对象之间的差异。这些差异可以帮助区分农作物和其他土地覆盖物，比如森林、水和城市。没有两个作物是一样的，他们有着根本的区别。结合地面定标，遥感方法能够精确识别不同作物的种植地域和种植面积。此外，由于卫星遥感产生的数据量庞大，利用深度学习等机器学习方法，从海量数据中提取有用信息的技术突破，也至关重要。

第二节　第四产业充分发展后的"三农"

第四产业最主要的特征就是"互联网＋一个传统行业"，从我国成功的互联网企业案例来看，如阿里巴巴的"互联网＋集市"、京东的"互联网＋超市"、苏宁的"互联网＋家电"等，都是利用互联网平台与传统行业达成深度融合。通过基于互联网、物联网的平台经济，增加点击率，第四产业就可以利用其他方法获取利润。2012 年至 2015 年间，互联网服务连续 3 年在服务业增长中占比达到 72%，而传统的信息化服务占比仅 12% 左右，数据背后呈现出的裂痕昭示了第四产业在国民经济发展中显示出的重要地位（张来武，2016）。

农业虽然看起来离互联网最远，但农业作为最传统的产业也决定了"互联网＋现代农业"的潜力是巨大的。国际经验表明，现代农业首先是科技农业、高效农业，应该把现代农业理解成第一、第二、第三产业的结合体，应该把农业的产业链从种养业一直做到加工、物流配送、品牌、市场渠道，同时农业加工业要形成体系，种植、养殖业要形成规模并提升科技含量，这就要求我们从农村科技创新入手，对未来农业产业链条进行系统的、全程的设计（张来武，2012）。

一、农村产业优化

"互联网+"作为农村第四产业的核心内容，是未来推动农村一二三产业在产业内部和产业之间不断优化和转型升级，实现一二三产业之间逐渐融合的强大力量。第四产业实现后，农村一二三产业将通过产业渗透、产业交叉和产业重组等方式，激发产业链、价值链的分解、重构和功能升级等，引发农村产业功能、形态、组织方式和商业模式的重大革新（姜长云，2015）。优化后的农村一二三产业边界逐渐模糊，其边际成本不断降低，甚至接近于零，而边际收益将不断提升（张来武，2016）。

（一）农村第一产业升级

农村第一产业在第四产业实现后其生产方式将实现革命性变革，智能化的农业装备和设备将主导农业生产。新一代信息技术和手段在农业生产的在线监测、精准作业、数字化管理等方面得到广泛应用，自动化和智能化农机装备和设备的广泛使用成为农业的主要特征，各种高科技含量的农业机器人代替人力进行全程农业生产，作物育苗、种植、施肥、除草、采摘以及放牧、饲喂、挤奶、采蜜等全部实现无人化，只需少量劳动力，负责智能装备的日常管理和维护，大量劳动力得到解放。第四产业实现后，其产业规模达到甚至超过第一产业，农村第一产业（农业生产）发展水平大大提升，农业生产方式转变，产业结构得到优化，农业生产效率以及农产品品质提升，农业生产效益大幅度攀升。

（二）农村第二产业加强

以农产品加工为主要特征的农村第二产业实现壮大，第四产业实现后，其产业模式由劳动密集型转变为智慧型。智能机械制造业在第四产业的引领下，与农业加工业深度融合，成为"互联网＋"时代农产品加工业的主要产业模式。在整个产业链条中，移动互联网、二维码、无线射频识别以及智能化识别等现代信息技术手段，被广泛应用在农产品加工、储藏、流通、销售等各个环节。在产品监管过程中，人工智能算法和图像识别等新一代信息技术手段，融合智能装备和设备被广泛应用于农产品监管过程中的多个环节，农产品加工制造过程，实现全程自动化和智能化控制，农产品在拣选、包装、码垛、仓储、配送等环节广泛应用机器人等自动化设备，标准化、规模化农产品加工厂只需要少量的几个人来运转。在产品追溯过程中，通过实时采集记录加工产品的生产、储藏、流通、消费等环节的重要信息，实现加工农产品来源可查、去向可追、责任可究，使农产品加工业全过程质量安全管理与风险控制得到强化，农产品消费安全得到保障。第四产业实现后，数字化、网络化、智能化成为农产品加工业的主要特征，产业水平和生产效率整体提升，农产品加工品质得到保障，加工效益大幅度攀升，第四产业与农产品加工产业的融合效应凸显。

（三）农村第三产业跃升

在第四产业的带动下，农村第三产业业态呈现多样化发展，农村服务业实现繁荣发展。农业生产性服务业形成产前服务（为农户提供信息、咨询、资金、生产资料等方面的服务）、产中服务（生产过程中的农机作业、灌溉、植保、技术指导等方面的服务）和产后服务（产品贮运、保鲜、加工、销售、保险等方面的服务）的综合化、标准化服务体系，为农业产业化服务进程提供有力支撑。农产品流通模式多样化发展，农批对接、农超对接、农网对接、农企对接、社区直销菜店等多种产销对接模式共同发展，形成多样化的农产品物流服务平台体系，基于电商模式的农产品物流服务平台普遍化，形成完整高效的农产品冷链物流服务技术标准体系。形成小型流通企业，商贸企业、农产品流通企业及经销商等多种农村流通主体。乡村旅游成为第三产业实现增值的中坚力量，"信息化"、"现代化"和"智能化"成为乡村旅游的发展趋势。

（四）种养加深度融合与增长

种植业、养殖业和加工业依托第四产业深度融合发展，形成"以养带种、以加促养"的产业链结构。伴随着第四产业的实现，产业链增长，产业链各环节经营主体间的利益联结更加紧密，产业之间的边界模糊化发展。现代化、标准化的农产品加工厂，建在规模化的养殖牧场，规模化的牧场，建在配套的智能化牧草种植基地。区域综合信息服务体系对接种养加，推进线下种养加基地的互联网改造，废物综合利用，完成自种、自养、自产、自销的产业链一体化，实现各环节零距离的无缝链接和闭环。多样化种养加商业化运营模式协同发展，创新"龙头企业＋合作社"、"龙头企业＋家庭牧场"的经营模式。粮油肉菜蛋奶以及其他经济作物，经过深加工产生更高的附加值，培育一批农产品精深加工领军企业和国内外知名品牌，电商平台、线上线下整合营销等互联网手段，实现生产与市场的有效对接。种养加一体化融合在空间上形成集聚效应，利用区位优势，形成区域特色的加工产业聚集区，形成一批规模化、标准化、智能化的种养加基地。

二、农民职业转换

在第四产业发展过程中，新农民逐渐职业化，不再是一种身份的象征，不再是"面朝黄土背朝天"的生存状态，而是成为一种职业化的标识，成为一种体面的职业；职业化的新农民，成为懂农业的生产者、懂农业管理的经营者以及懂农业技术的服务者，职业分工逐渐明确。

（一）工作环境与条件

随着农村第四产业的发展，职业新农民将逐步脱离处于自然经济和半自然经济状态下的农业生产生活方式、思维方式和价值观念，拥有较高的科学文化水平，掌握现代农业发展的科技知识，能熟练运用现代化、智能化的农业装备和设备，通过土地的规模化、集约化经营和管理，来提升农业生产力。职业新农民，学会运用互联网思维和现代信息技术，利用互联网、大数据等现代化信息技术手段，主动获取信息、学习知识、提升素质；依托电商平台改变传统农产品营销模式，主动拓展销路，创造出更多农业生产价值。

（二）劳动（生产）方式与工作效率

受过专业技能培训的职业化新农民，逐渐掌握了智能化的农业装备和设备的操作知识，农业生产过程中的机械化、自动化和智能化程度提高，劳动力需求减少，农业生产更加注重资源的节约和生态环境的优化，农业生产效率大大提升。

职业化新农民具备了获取农业信息，分析农业信息，独立开展农业生产决策的能力。利用互联网手段，新农民通过了解一段时间内的天气信息，来合理安排农事；通过了解未来一段时间内市场行情变化，预判市场需求变化，合理调整农业种养结构，大大提升农民抵御农业风险的能力。

职业化新农民学会了利用互联网思维开展农产品的网络化营销，通过搭建农产品产销对接平台，创新传统产销对接模式的路径和机制，提高农产品生产流通过程中的信息价值，在空间上实现农业生产与农产品消费的有效衔接，提升农产品价值，获得最佳的农产品销售效益。

（三）素养要求与职业分工

随着职业化新农民逐渐成为农业发展的中坚力量，追求素养的提升，成为职业化新农民的重要特征。新农民对自身素养的要求也在不断提升。新农民在体验学习的过程中角色发生转变，由被动的知识接受者变成积极主动的学习主体。通过各种技能培训、技能大赛，新农民学习知识的积极性不断提高，获取信息的能力不断提升。

分工是职业化新农民产生的基础。随着知识、信息、技术等独立要素在价值创造中发挥着愈来愈大的作用，它将突破传统生产要素结构，成为提高农业生产力的物质力量。与之相适应地，职业化新农民从事的劳动也不断分化成专业技能型、服务型和管理型等劳动类型，这些新型的劳动类型，分别以不同的形式参与到现代农业生产过程的价值创造中去。

三、农村面貌更新

农村第四产业形成后，"互联网+"带动信息、技术、物资、资金、人才等流向农村，催生新产品、新业态和新模式，休闲度假、旅游观光、养生养老、创意农业、农耕体验、乡村手工艺等成为繁荣农村、富裕农民的新兴支柱产业。农业的经济功能、生态功能、社会功能和文化功能等充分实现，传统产业提升，新产业、新业态发展，农业产业链整合和价值链不断提升，村容村貌、农村管理和服务方式显著改善。

（一）村容村貌

农村基础设施建设依托第四产业不断完善、信息化水平不断提升、生态文明建设取得成效，农村村容村貌整治工作取得阶段性进展。农业基地和农田水利建设不断巩固，饮水安全、农村道路、农村电力大大改善，农村生态环境保护和治理建设取得成效，义务教育、卫生、文化等农村社会发展基础设施建设大大提升。农村信息化水平迅猛提升。农村信息通信基础设施建设快速发展，网络平台基础设施构成趋于成熟，信息传输速度达到产业应用水平，城乡数字鸿沟进一步缩小。农村生态文明建设大大改善。农村废弃物得到妥善处理，乡村生活垃圾集中处置，乡村生活污水无害化排放，农村畜禽粪便污染从源头上得到控制，农民生态文明素养提升，乡村生态农业扩大发展，农产品安全得到保障。

（二）农村管理

农村社会化管理得到加强和创新，依托互联网平台建设，信息化管理成为农村社会化管理的重要手段，保障和改善民生成为农村管理的方向。农业行业统计监测、监管评估、信息管理、预警防控、指挥调度、行政执法、行政办公等业务实现全覆盖；行政审批全部实现网上办理，应急管理信息系统覆盖农业各个领域；工资福利和养老保险待遇大幅提高，城乡居民收入差距逐渐缩小；农村居民住房实现保障，精准扶贫、扶贫攻坚取得成效，农民生活环境大大改善；农村教育投入力度持续增加，教育水平和教学质量显著提升，教学环境显著改善。

（三）服务方式

依托第四产业平台，农村服务体系不断完善，农村医疗服务、农村金融服务以及农村科技服务等在农村第三产业中，发挥着越来越重要的作用。乡村医疗卫生服务能力和水平将显著提高，农村医疗卫生服务体系建设成效显著，软硬件医疗服务的基础设施明显完善，乡村医生队伍得到加强，农村居民基本医疗卫生服务的公平性、可及性不断提升，农村医疗信息化的步伐也不断加快。农村金融服务体系形成，农村金融服务多样化发展，农业产业化的发展，应运而生的农业保险，以及农民生活水平提高，对生活条件改善的金融服务等，都将是健全我国农村金融服务体系的重要内容。农村科技服务对农村的扶持和服务由生产领域拓展到生态领域，形成新的、长期稳定的服务业态；推动各类要素聚集和资源优化配置，形成优势互补、利益共享、风险共担的生产群；在农村组织制度创新、社会保障、农村消费等方面的指导和服务力度加强，加快农民生活的市民化，实现农村社会服务的长效发展。

第三节　推动农村第四产业发展的措施与建议

一、充分认识发展规律，主动适应第四产业发展新趋势

产业结构从来都不是一成不变的，产业结构的变化在一定程度上反映了一个国家经济发展水平的变化，三次产业的形成与发展，正是伴随着经济的发展而逐步被人们认识和确立的。科技进步是信息产业体系实现结构性变革的根本动力，随着生产力和社会分工的发展，在客观上形成了产业之间的划分。产业分布的总体趋势，是从物质资料生产部门逐步转入服务部门，信息服务在内的信息产业将取代制造业而占主导地位。信息技术，特别是互联网技术将对人类经济社会产生巨大、深远而广泛的影响，信息服务业从第三产业中抽离出来，独立于第一、第二、第三产业之外，成为一个独立的产业——第四产业势在必行。

　　第四产业是从第三产业中分离出来，基于互联网和平台经济、知识和技术密集型的信息服务业，其兴起和发展是新科技革命特别是信息技术革命的必然结果。充分认识和准确把握第四产业的内涵，对于实现一二三产业融合、提升农业综合竞争力、推进农业现代化具有划时代意义。当前，技术创新不断发展，经济增长在科技进步的推动下，加速产业结构的变动。大数据为基础、云计算为核心、互联网为平台是第四产业的三大特征。随着数据资源的大规模融合和发掘，以大数据为基础的第四产业将会实现爆发式增长。以云计算的虚拟化方式为用户提供各类资源服务，是信息技术和信息服务产业的重大革新，将在信息服务和信息产业发展中扮演越来越重要的角色。"互联网+"深度融合经济社会各领域，极大提升实体经济创新力和生产力，使基于"互联网+"的平台经济成为第四产业最为突出的特征之一。只有充分认识和准确把握第四产业呈现的新特征、新趋势，才能推动第四产业发展取得新成效。

　　第四产业与传统的三大产业相比，具有其独特的运行机制和发展规律。从服务内容上对比，第四产业的劳动工具是大脑及数字处理工具，劳动形式是脑力劳动，劳动对象是各类数字，劳动产品是依附于各种载体上的数字。从市场和人员对比，数字产品和数字服务在空间上的扩张渗透力极强，具有全球范围的市场潜力，就业人员要求是素质高、知识面宽的员工，是智力密集型产业。只有对第四产业在服务业中加以研究，才能更深入地探索其独有的特征，认识其运行机制和发展规律，更好推动其发展。

二、实施公共服务带动战略，完善农村信息化
公共平台

实施公共服务带动战略，就是通过政府对农村所开展的公共服务的信息化建设，优化农村信息化接入环境，培养农村居民现代信息通信手段的使用习惯，创造农村信息化服务的商业机会，从而实现农村信息化服务的规模化发展和可持续发展（袁学国，2010）。其实质是：在农村信息化建设初期，利用政府在农村所开展的公共服务的信息化建设，为农村信息化公共平台买单，从而显著降低农村居民信息化接入的门槛。实施公共服务带动战略，必须由政府组织建设农村信息化公共平台。从我国乃至世界农村信息化发展的现状来看，实现信息化资源共享和可持续发展是两大难题。基于我国农村信息化的经验，着眼于破解资源共享和可持续发展难题，我们认为实施公共服务带动战略的关键，在于建立一个充分开放的农村信息化公共平台。我们把它定义为：由农村公共服务门户网站、农村互联网宽带线路和村级综合信息服务站三部分构成的系统。通过宁夏和13个国家农村信息化示范省的建设，全国已经有14个省构建了全省统一的农村信息综合服务平台。然而，农村信息资源的整合、公共服务平台的构建任务仍非常艰巨。

三、培养第四产业人才，优化人才资源配置

第四产业是利用信息技术、以互联网为基础设施和"实现工具"的崭新经济形态，而不是互联网和各个传统行业简单地相加。同时第四产业的发展对人才也提出了新的需求，跨学科专业人才、创新创业人才和个性化人才，是保证产业融合和升级创新的驱动力。

跨学科专业人才是信息技术本身的学科特征的需要。第四产业是对传统产业的融合和升级，也是对传统人才资源配置模式的升级。传统产业教育以培养人才具备满足产业需求的基本技能为目的，第四产业领域对人才的需求越来越综合化、高水平化，不仅要求从业者充分掌握跨学科的学科专业领域知识和技能储备，也要求他们具备更高的认知水准、应用技能和解决复杂问题的能力。创新创业人才是应对信息技术的快速发展的需要。李克强总理在《政府工作报告》中提出"大众创业，万众创新"国家经济发展新引擎，对于新兴的第四产业而言，生存的基石在于始终牢牢把握创新的方向、踏准创造的节奏，行业发展对人才资源的依赖提出了比其他领域更加迫切和高标准的创新要求。个性化人才是互联网和现阶段高等教育人才培养的共同需求。第四产业企业打破传统企业的管理理念，突破了企业内部框架和人力资源管理的固有思维，提倡人性化管理、和谐的工作环境。现代高等教育理论提倡对于受教育者的不同能力要给予同样的重视，使不同性格类型、不同思维模式的学生都能够成为彰显个性、具有特色和特长的

创新型人才。

"互联网＋"产业人才培养对高等教育提出了与时俱进的要求，建立和完善第四产业人才培养机制还需要进行大量的探索与研究工作。创新教育要以"发现问题、提出问题、解决问题"三大创新能力的创新素质培养作为核心要求，培养综合素质高、创新能力强、跨学科专业背景的复合型人才。"互联网＋"的跨学科特性决定了其并不局限于狭义上的某一学科方向，更需要在学科专业建设与课程体系设计中体现有机融合，建成一个理工文管等基础学科为支撑的学科生态群。人才培养质量，最终落实于师资、教材等教学资源的建设水平，要以产学合作来主导教学资源建设，建成面向第四产业的人才培养新模式。

四、加强第四产业科技创新，加快成果产业化

第四产业时代，以物联网、云计算、大数据等基于互联网的新一代信息技术，正在成为驱动产业变革的核心力量，新一轮信息产业的快速发展，将催生出许多新模式、新业态、新产业。中国应充分利用"互联网＋"的战略，把科技创新作为国家发展战略的核心，努力抢占未来科技和产业制高点。

我国现阶段的科技自主创新水平较低，缺乏自主创新能力，技术要素对经济增长的贡献不足等问题，均源于科技创新的成果转化较

低。科技成果成功转化，在于与市场需求的对接。如果企业及研发部门能够获得大量需求数据，并进行分析吸收，科技成果转化问题则能迎刃而解。"互联网＋"时代的到来，大数据成为新的生产要素，"互联网＋"行动将大力推动技术创新，克服中国目前技术创新中的障碍，为中国经济实现转型与产业转型升级开辟新的道路。

信息松绑为企业技术创新提供前提条件。"互联网＋"意味着信息获取的全球开放性、平等性、透明性。随着信息技术的不断突破，信息要素在各行业企业间的流动性增强，企业处理信息的能力呈爆发式增长。大数据为技术创新提供了重要的生产原料，极大推动技术创新和生产效率的提高。

互联网时代集群式创新将出现新模式。信息技术为协同创新提供必要和高效的手段，信息技术的发展进一步打破地理界限，大规模分工协同，推动的互联网时代创新开始涌现。互联网时代可以使得组织管理边界延伸到企业外部，突破企业原有界限，企业将拥有更强的资源整合能力，内部资源与外界相互协同、相互利用的整合能力。

开放式空间平台为产、学、研协同创新提供支撑。"互联网＋"与产、学、研的结合将影响知识协同创新的内部因素，减少知识传递与转移过程中的资源损耗。"互联网＋"将基于互联网络的合作平台，提供产、学、研合作项目协调服务，使各方的优势得以充分发挥，最终使产、学、研网络平台可以更好地促进产学研协同和技术创新。

我国"互联网＋"仍处于起步阶段，缺乏真正意义上的技术创新。在技术方面，信息技术的发展需要适应各产业网络化需求的迅速膨胀，真正从生产技术上为产业升级与创新带来突破。

加强"互联网＋"的规划和建设，完善互联网技术创新配套体系。一是要进一步做好互联网建设的整体规划，在规划中要做到高起点、高标准、科学性、超前性；二是尽快完善电信网、数据网、广电网等骨干网络，加快建设宽带多媒体数据交换网运行效率；三是建立各区域的网络交换管理中心，规范网络服务，实现资源共享。

加强互联网法律、法规、制度建设，构建网络安全防护体系。完善立法与加强监督并重。在制定网络安全法的基础之上，还要加大对网络执法的监督，促进网络的正向作用、尽量减少网络的负向作用。形成互联网法律、法规、制度体系。

加强互联网知识产权保护，完善知识产权立法。在知识产权保护的过程中，应该优先考虑技术措施，再综合考虑经济因素、管理因素。注重互联网时代知识产权保护，加强知识产权立法的衔接配套，完善不正当竞争、垄断、对外贸易、科技、国防等领域法律、法规中有关网络空间知识产权的规定，增强法律法规可操作性和协调性。

五、加快农村通信基础设施建设，优化农村信息接入环境

目前农村的通信基础设施建设和信息化水平已经较以往有了大幅提升，CNNIC 报告显示，截至 2015 年 12 月，农村网民规模达到 1.95 亿人，为"互联网＋农业"打下了较好的基础，但推动"互联网＋农业"

还存在服务"三农"的信息网络与内容落后；政府对农村信息化建设与投入不够系统，顶层设计和规划有待加强等问题。

通信基础设施是国家重要的公共基础设施，是信息化发展的载体和战略支撑。随着"互联网+"的发展，互联网基础设施的瓶颈作用日渐显现，主要表现在以下几个方面：一是网速、资费等硬性基础设施亟待改善；二是缺乏互联网大数据开放、分享的政策与机制；三是人才匮乏和技术创新不足；四是法律法规不健全和缺乏成体系的监督管理。

提高互联网基础设施建造规格和投资规模。硬性的互联网基础建设要以用户的实际体验为出发点，一是在国家层面加大相关投资规模，布局下一代互联网；二是在互联网基础设施建设过程中引入市场竞争机制。调整不当的准入限制和垄断，适当由市场实现企业的优胜劣汰；三是建立人才培养专项基金，推动建立具有国际竞争力的人才制度；四是加快相关标准、法律法规的建设，加强对新兴产业、个人信息、网络安全、知识产权的保障；五是将大数据产业提高到国家战略层面，促进大数据资源平台的建立、维护、监管和开发利用。

参考文献

1. 张来武:《以六次产业理论引领创新创业》,《中国软科学》2016 年第 1 期,第 1—5 页。

2. 张来武:《创新驱动城乡一体化发展的理论思考与实践探索》,《中国软科学》2015 年第 4 期,第 1—7 页。

3. 张来武:《依靠创新驱动发展战略发展"新三农"》,《中国软科学》2014 年第 1 期,第 6—10 页。

4. 张来武:《以农业科技创新创业带动现代农业发展》,《中国科技论坛》2012 年第 4 期,第 5—8 页。

5. 崔振东:《日本农业的六次产业化及启示》,《农业经济》2010 年第 12 期,第 6—8 页。

6. 丁捷:《国民经济产业划分的探讨》,《南华大学学报》(社会科学版)2006 年第 2 期,第 19—22 页。

7.[美] 弗里茨·马克卢普:《美国的知识生产与分配》,中国人民大学出版社 2007 年版。

8. 姜长云：《推进农村一二三产业融合发展新题应有新解法》，《中国发展观察》2015 年第 2 期，第 18—22 页。

9. 靖继鹏、王欣：《信息产业测度新方法：综合信息产业力度法》，《情报业务研究》1993 年第 3 期，第 129—133 页。

10. 刘铁兵：《湖南省信息化指数的测算分析》，《情报理论与实践》1997 年第 3 期，第 168—170 页。

11. 沈杰：《新兴产业与新产业分类法——兼评〈信息化与产业融合〉》，《上海经济研究》2004 年第 11 期，第 77—80 页。

12. 汤天波、吴晓隽：《共享经济："互联网 +"下的颠覆性经济模式》，《科学发展》2015 年第 12 期，第 78—84 页。

13. 王国刚、刘合光、刘静、李芸、钱静斐、吴国胜：《种养加一体化的理论初探与政策建议》，《农业现代化研究》2016 年第 5 期，第 871—876 页。

14. 王欣、靖继鹏、王钢：《国内外信息产业测度方法综述》，《情报科学》2006 年第 12 期，第 1903—1908 页。

15. 夏益国、宫春生：《粮食安全视阈下农业适度规模经营与新型职业农民——耦合机制、国际经验与启示》，《农业经济问题》2015 年第 5 期，第 56—64 页。

16. 袁学国：《对我国农村信息化发展战略的思考》，《安徽农业科学》2010 年第 36 期，第 565—567 页。

17. 杨帅：《共享经济类型、要素与影响：文献研究的视角》，《产业经济评论》2016 年第 3 期，第 35—45 页。

18. 韩顺法、李向民：《基于产业融合的产业类型演变及划分研究》，《中国工业经济》2009 年第 12 期，第 66—75 页。

19. 郑志来：《供给侧视角下共享经济与新型商业模式研究》，《经济问题探索》2016 年第 6 期，第 15—20 页。

20. 金建：《信息产业结构变动规律研究》，《管理世界》1993 年第 1 期，第 144—147 页。

21. 路征：《第六产业：日本实践及其借鉴意义》，《现代日本经济》2016 年第 4 期，第 16—25 页。

22. 孔祥智、周振：《发展第六产业的现实意义及其政策选择》，《经济与管理评论》2015 年第 4 期，第 98—103 页。

23. 张锡学：《试论三次产业划分理论的科学性》，《理论导刊》1993 年第 4 期，第 40—41 页。

后　记

　　《第四产业：来自中国农村的探索》一书是由张来武教授担任院长的西北农林科技大学六次产业研究院委托尚农智库（尚浓智库）开展的一项课题研究成果。

　　张来武教授自 2006 年以来，一直在研究和探索"六次产业"理论，先后在担任宁夏回族自治区副主席、科技部副部长期间以六次产业划分为指导，坚持平台经济理念，领导开展新型农村信息化模式探索，推动了我国第四产业的发展，产生了广泛影响。2016 年张来武教授卸任科技部副部长后，受聘担任复旦大学一级教授，领导组建了复旦大学六次产业研究院、西北农林科技大学六次产业研究院，作为院长继续致力于六次产业理论研究和实践。尚农智库的核心成员曾在张来武教授领导下参与农村信息化工作。基于这样的渊源，尚农智库承担了该项研究任务。

　　本书的编写工作受益于张来武教授的亲自指导。2017 年 4 月 28 日，张来武教授在西北农林科技大学主持召开了第四产业研讨会，确定了本书框架和编写要求；11 月 2 日在广州主持了统稿会议，讨论了书中的重要观点和章节的处理问题，对统稿工作提出了明确要求；最后对书稿进行了审定。科技部农村司原副巡视员胡京华女士是本项工作的总协调人。由于她卓越的组织协调，西北农林科技大学、中国农业科学院、中国农业大学、中国科学院合肥智能所、浙江大学、广东农业科学院、安徽农业大学等学术机构的专家汇聚在一起贡献智慧。西北农林科技大学和复旦大学分别为本书的编写和出版提供了资助，同时还在会议组织、标识设计、图书出版等方面做了大量重要的协调工作。在编写过程中，许世卫研究员等多位咨询专家对编写观点的形成作出了重要贡献。

本书具体起草和统稿工作由尚农智库秘书长袁学国博士、《中国科技财富》杂志常务副主编王仕涛先生牵头。起草和统稿人员根据张来武教授六次产业划分理论，对农村信息化进程进行了应用研究。第一章对"第四产业"的概念进行了界定，并对其特征进行描述；第二、三章分别介绍了我国农村信息化的起步和突破与农村第四产业的兴起；第四章对农村第四产业的发展前景进行了展望。由于起草和统稿人员水平有限，书中疏漏和错误之处在所难免，请读者不吝批评指正。

在本书付梓之际，向为本书提供支持和帮助的单位和专家一并表示感谢。

2017 年 12 月 27 日

责任编辑：刘江波
助理编辑：魏　慧
封面设计：汪　莹
责任校对：苏小昭

图书在版编目（CIP）数据

第四产业：来自中国农村的探索 / 张来武 等著 . —北京：人民出版社，
　2018.6
ISBN 978 - 7 - 01 - 019431 - 8

I . ①第… 　II . ①张… 　III . ①农村经济 - 研究 - 中国 　IV . ① F323

中国版本图书馆 CIP 数据核字（2018）第 124298 号

第四产业：来自中国农村的探索
DISICHANYE LAIZI ZHONGGUO NONGCUN DE TANSUO

张来武　等著

人民出版社 出版发行
（100706　北京市东城区隆福寺街 99 号）

北京中科印刷有限公司印刷　新华书店经销

2018 年 6 月第 1 版　2018 年 6 月北京第 1 次印刷
开本：710 毫米 × 1000 毫米 1/16　印张：9
字数：92 千字

ISBN 978 - 7 - 01 - 019431 - 8　定价：36.00 元

邮购地址 100706　北京市东城区隆福寺街 99 号
人民东方图书销售中心　电话（010）65250042　65289539